Seoul National University Language Test

# SNULT 프랑스어

# SNULT 프랑스어

초판 1쇄 인쇄 2011년 4월 25일
초판 7쇄 발행 2024년 5월 30일

편저자 서울대학교 언어교육원

펴낸곳 서울대학교출판문화원
주소 08826 서울 관악구 관악로 1
도서주문 02-889-4424, 02-880-7995
홈페이지 www.snupress.com
페이스북 @snupress1947
인스타그램 @snupress
이메일 snubook@snu.ac.kr
출판등록 제15-3호

ISBN 978-89-521-3879-8 94760
978-89-521-1167-8 (세트)

Seoul National University Language Test

# SNULT 프랑스어

서울대학교 언어교육원 편

서울대학교출판문화원

# 책머리에

서울대학교 언어교육원은 1967년 '국가공인 언어능력 검증기관'으로 선정된 이래, 그동안 국내 최고의 공신력으로 정부기관, 공공기관, 금융기관 및 일반기업에서 직원의 해외파견, 승진, 입사, 각종 교육훈련, 또는 인사고과를 위한 외국어 시험을 시행해 왔습니다. 비교적 규모가 작았던 초기에는 해당 언어권의 전문가들에게 출제를 의뢰했지만, 응시인원이 기하급수적으로 증가함에 따라 넉넉한 문제은행과 전문적인 시험유형이 필요하게 되었습니다. 이에 서울대학교 언어교육원은 오랜 연구 끝에 SNULT(Seoul National University Language Test)라는 독자적인 언어능력 측정도구를 개발하게 되었습니다. 이후 SNULT는 오랜 연구와 다양한 시도를 통해 국내 외국어 교육환경과 수요자의 요구 등을 수렴하여 시험의 공정성과 효율성을 높이기 위해 꾸준한 노력을 기울여 왔습니다.

그러나 막상 SNULT에 대비해 시험 준비를 하는 수험생은 참고할 만한 안내서나 문제집이 없어서 불편을 겪었고, 그래서 그동안 많은 사람들이 권위 있는 SNULT 문제집의 필요성을 제기해 왔습니다. 이번에 서울대학교출판문화원에서 출간되는 SNULT 문제집은 전국 각지에서 SNULT 시험을 준비하고 있는 수험생들의 바로 그러한 요청에 의해 만들어진 것입니다. 그런 의미에서, 서울대학교 언어교육원과 서울대학교출판문화원의 공신력을 바탕으로 출간되는 이번 SNULT 문제집은 수험생들에게 탄탄하고 믿음직스러운 길잡이가 되어 줄 것이라 믿습니다.

오늘날 외국어 실력은 개인의 경력과 나라의 미래를 결정짓는 중요한 요소가 되었습니다. 세계가 일일생활권이 된 지구촌 국제무대에서 활동해야만 하는 우리 모두에게 외국어 능력은 이제 필수가 되었으며, 국가경쟁력의 척도가 되었습니다. SNULT는 바로 그러한 상황에서 전문 분야에서 일하고 있는 한국인들의 외국어 능력을 검증하고 측정할 수 있는 가장 효과적인 도구 중의 하나입니다. 아무쪼록 이 책이 SNULT 시험을 준비하고 있는 모든 사람들에게 큰 도움이 되기를 바랍니다.

2011년 1월

서울대학교 언어교육원장

# 차 례

# SNULT란 무엇인가

SNULT(Seoul National University Language Test)는 서울대학교 언어교육원이 출제하고 TEPS관리위원회가 주관하는 국내 최고 권위의 외국어능력 평가입니다.

SNULT(Seoul National University Language Test)는 서울대학교 언어교육원이 출제하고 TEPS관리위원회가 주관하는 국내 최고 권위의 외국어 능력 평가로 6개 언어(일본어, 중국어, 프랑스어, 독일어, 스페인어, 러시아어)를 평가하고 있습니다.

SNULT는 정부기관 · 공공기관 · 금융기관 및 일반기업의 의뢰를 받아 해외파견 요원이나 유학생을 선발할 평가 도구의 필요에 의해 개발되어 1967년부터 기관 대상으로만 시행되다가, 2008년 8월 제1회 SNULT 정기시험부터는 일반인도 응시할 수 있게 되었습니다.

현재 SNULT는 신입사원 선발, 각급 기관 · 단체의 직원 인사고과 등의 용도로 사용되고 있으며, 최근 공신력 있는 외국어 능력 평가에 대한 요구가 증가하여 시험의 중요성이 강조되고 있습니다.

완벽한 보안 속에서 해당 언어의 박사학위를 소지한 연구원, 원어민, 교수 등 최고의 전문가들이 출제·검토한 후 녹음과 인쇄를 거쳐 시행하고 있으며, 지난 50여 년간의 시험 데이터와 성과를 바탕으로 높은 신뢰도와 타당도를 지니고 있습니다.

SNULT는 6개 외국어 능력을 언어 간의 객관적인 난이도 및 형평성을 고려하여 언어에 따른 성적 편차를 최대한 줄이도록 고안되었습니다. 외국에서 개발된 언어능력 평가와 비교해도 충분한 경쟁력을 갖추고 있으므로, 수험자들은 SNULT를 통해 자신의 학습 투여 시간에 따른 공정한 평가를 받을 수 있습니다. 또한 응시 절차가 간편하고 경제적인 효율성이 우수합니다.

# SNULT 프랑스어시험이란

프랑스어는 현재 세계 32개국에서 약 3억 명의 사람들이 사용하고 있습니다. 프랑스어는 오래 전부터 국제어로서의 역할을 수행해 왔으며, 제2차 세계대전 후 영어가 국제어로 널리 쓰이면서 그 영향력이 축소되긴 했으나 여전히 영어와 더불어 널리 통용되고 있습니다. 이에 서울대학교 언어교육원은 프랑스어의 중요성을 일찍부터 인식하고 그동안 프랑스어 언어능력 측정에 많은 관심을 기울여 왔습니다.

SNULT 프랑스어 시험은 국제화 시대에 영어뿐만 아니라 제2외국어에 대해서도 신뢰성 있는 어학능력 평가가 요구됨에 따라 서울대학교 언어교육원에서 개발하기 시작하여 결실을 맺은 프랑스어 능력 평가 모델입니다. 시험은 다른 제2외국어 시험과 마찬가지로 청해(Compréhension Orale, 50문항)와 독해(Compréhension Écrites, 50문항) 두 영역으로 구성되어 있습니다. 청해 영역은 대화 완성, 대화 내용 이해, 담화 내용 이해로 구성되고, 독해 영역은 문법과 어휘, 담화문 빈칸 채우기, 담화문 내용 이해로 세부 영역이 나뉘어 있습니다. 이는 최근 외국어 학습과 교수의 방법이 문법과 어휘보다는 청해와 독해를 중심으로 실질적인 의사소통 능력을 중시하는 추세를 반영한 것입니다.

SNULT 프랑스어 시험은 영어의 경우와 달리, 국내 프랑스어 교육수준이 아직 높지 않다는 점을 충분히 감안하여 그 난이도 조정에 심혈을 기울였습니다. 프랑스어 교육기관이 그다지 많지 않고, 원어민과의 접촉 기회도 상대적으로 적으며, 학습 자료 역시 아직은 제한되어 있는 현실에서 영어시험과 동일한 난이도의 시험을 실시할 수는 없기 때문입니다. 난이도 조정 작업은 이제까지 서울대학교 언어교육원이 주관한 각종 프랑스어 능력 시험 자료 및 그 측정 결과를 근간으로 하여 2001년 발효된 유럽공통참조기준의 6등급 체계를 참조하여 프랑스어를 전공한 교수와 연구원, 그리고 영어를 비롯한 여러 외국어 전공 교수 및 연구원들과의 협의를 통해 이루어졌습니다.

SNULT 프랑스어 시험에 대한 수요가 증가하고 점점 더 많은 사람들이 이 시험을 치르게 됨에 따라, 시험준비에 도움을 줄 수 있는 교재의 필요성이 커지고 있어서 서울대학교 언어교육원에서는 이 문제집을 발간하게 되었습니다. 문제집은 서울대학교 언어교육원이 출제하는 SNULT 프랑스어 시험과 동일한 형식의 문제 유형으로 구성된 모의 프랑스어시험 두 세트와 이에 대한 풀이 부분으로 구성되었습니다. 풀이 부분에서는 해설과 번역, 참고 등을 가미하여 SNULT 프랑스어 시험에 대한 이해를 높이고 프랑스어 학습에서 꼭 알아야 할 내용을 점검할 수 있도록 했습니다.

본 문제집이 SNULT 프랑스어 시험 준비를 위한 효과적인 길잡이가 되어줌과 동시에 외국어교육의 방향성을 밝혀주는 데에도 크게 이바지할 것으로 기대합니다.

## SNULT 구성(프랑스어)

| 영역 | 구분 | 문제유형 | 문항수 | 시간 |
|---|---|---|---|---|
| 청해 | Part I | 한 문장을 듣고 이어질 대화로 가장 적절한 답 고르기 | 15 | 50분 |
| | Part II | 짧은 대화를 듣고 이어질 대화로 가장 적절한 답 고르기 | 15 | |
| | Part III | 긴 대화를 듣고 질문에 가장 적절한 답 고르기 | 10 | |
| | Part IV | 담화를 듣고 질문에 가장 적절한 답 고르기 | 10 | |
| 독해 | Part I | 문법적 지식을 묻는 질문에 가장 적절한 답 고르기 | 10 | 50분 |
| | Part II | 어휘적 지식을 묻는 질문에 가장 적절한 답 고르기 | 10 | |
| | Part III | 지문을 읽고 빈칸에 가장 적절한 답 고르기 | 15 | |
| | Part IV | 지문을 읽고 질문에 가장 적절한 답 고르기 | 15 | |

SNULT 프랑스어 시험은 청해시험과 독해시험으로 구분되어 있으며 각각 50문항으로 구성되어 있고 시험시간은 100분입니다. 청해시험은 우리가 실생활의 다양한 상황에서 접할 수 있는 대화문과 담화문으로 구성되어 있습니다. 독해시험은 전문적 학술문부터 신문기사, 광고문 등의 실용문까지 다양한 영역을 포괄하는 문제들로 구성되어 있고, 문제 유형으로는 세부 내용 파악, 주제 · 대의(大意) 파악, 논리적 추론 등이 있습니다.

# SET 1

청해

독해

## Part I

(1~15) 다음 문장을 듣고 자연스러운 대화를 이룰 수 있는 가장 적절한 응답을 고르시오.

### 01

H : Et vous payez comment, mademoiselle ?
F : ____________________________

(a) Oui, c'est par ici.
(b) Vous ne trouvez pas ?
(c) Non, je ne suis pas d'accord.
(d) Par carte bancaire, c'est possible ?

**해설)** 상점 계산대에서 일어나는 대화상황이다. 점원이 지불방식에 대해 물을 때, 고객이 대답하는 것에 대한 질문이다. (a)는 '(계산은) 이쪽입니다', (b)와 (c)는 각각 '(그렇게) 생각하지 않으세요?'와 '아뇨, 나는 동의하지 않습니다'라는 표현으로 상대방 견해를 묻고 답할 때 사용하는 표현이므로 답이 될 수 없다.

**번역)** H : 그럼 지불은 어떻게 하시겠어요, 손님(아가씨)?
F : 신용카드로요, 가능해요?

**참고)** payer 지불하다
par ici 이쪽으로, 이쪽에(서)
être d'accord (avec qn/qc) (~에/에게) 동의하다
carte bancaire n.f. 신용카드

## 02

F : Comment s'appelle votre fille ?
H : ______________________

(a) Euh... Jacques. C'est un garçon.
(b) Je suis un garçon très sportif.
(c) Je m'appelle Bernard Lacoste.
(d) Mais... je n'ai appelé personne.

**해설**

제3자의 이름을 묻고 이에 답하는 대화이다. 질문자가 상대방 아들을 딸로 잘못 알고 물어서 당황해하며 대답하는 내용이다. 이름을 묻는 표현으로는 « comment vous appelez-vous ? »와 « quel est votre nom ? »이 있다.

**번역**

F: 따님 이름이 어떻게 되죠?
H: 저… 자크입니다. 아들이에요.

**참고**

s'appeler 이름이 ~이다.
sportif a. 운동을 좋아하는
personne ① n.f. 사람
② 부정대명사(남성단수 불변): ne와 함께 '아무도(누구도) ~ 않다.'
ex. Personne n'est venu. 아무도 오지 않았다.
Il n'aime personne. 그는 아무도 좋아하지 않는다.

## 03

H : C'est bon, on peut y aller ?
F : ____________________

(a) C'est vraiment pas drôle.
(b) Je préfère le bus.
(c) Oui, c'est délicieux.
(d) Non, je ne suis pas prête.

**해설** 함께 어딘가를 가려고 할 때 상대방에게 출발해도 좋은지를 묻고 이에 답하는 대화이다. (a)는 '아니, 웃을 일이 아니에요', (b)는 '전 버스가 낫겠어요', (c)는 '예, 아주 맛있어요'라는 뜻으로 적절한 답이 될 수 없다.

**번역** H : 좋아요, 그럼 가도 될까요?
F : 아뇨, 저 아직 준비 안 됐어요.

**참고** drôle a. 우스운, 재미있는
ex. Ce n'est pas drôle. 웃을 일이 아니에요. (난감한 상황에서)
préférer X (à Y) (Y보다) X가 낫다, X를 선호하다
délicieux a. 감미로운, 맛이 있는

## 04

F : Cédric, dis-moi... Comment il va, Paul ?
H : ______________________

(a) Oui, il y va à pied.
(b) Il va pas mal, je crois.
(c) Il va à Paris cette semaine.
(d) Non, il ne pourra pas y aller.

**해설)** 제3자의 안부를 묻고 이에 답하는 대화이다. (a)는 '그는 거기에 걸어서 간다', (c)는 '그는 이번 주에 파리에 간다', (d)는 '아니, 걔는 거기에 못 갈 것 같아'라는 의미로, « aller » 동사가 모두 이동행위 '가다'의 의미로 사용되었다. 한편, « dis-moi... »는 간투사로 '말해봐, 말해줘'보다는 '있잖아…, 저기…' 등으로 해석된다.

**번역)** F : 세드릭, 있잖아… 폴, 걔 어떻게 지내?
H : 잘 지내, 내 생각엔.

**참고)** à pied 걸어서
cf. à vélo 자전거로
à cheval 말을 타고
(ne~) pas mal 나쁘지 않게, 잘 (긍정적인 뜻으로 쓰임)

## 05

H : Béatrice, peux-tu venir m'aider ?
F : ________________________

(a) Oui, bien sûr.
(b) Vas-y, je t'en prie.
(c) Non, je n'ai pas de chance.
(d) Oh là là, c'est dommage.

**해설)** 상대방에게 도움을 청하고 그에 대해 답하는 대화상황이다. (b)는 '해봐, 어서', (c)는 '아니, 난 운이 없어', (d)는 '저런, 안됐어'라는 의미이다.

**번역)** H : 베아트리스, 와서 나 좀 도와줄 수 있어?
F : 그래, 물론이지.

**참고)** bien sûr 물론, 당연히
prier qn de+inf ~에게 ~하도록 간청하다.
cf. je t'en prie, je vous en prie :
① (감사표현에 답하여) 천만에요, 뭘 별 말씀을…
② (권유나 부탁 표현과 함께) 자~ 어서, 제발
chance n.f. 운
cf. avoir de la chance 운이 좋다
dommage n.m. 손해, 유감스러운 일
ex. C'est dommage. 유감스러운(안타까운) 일이군요.

## 06

F : Et avec ceci, monsieur ?
H : ________________________________

(a) Oui, c'est ça.
(b) Ceci ne me plaît pas tellement.
(c) Il me faudrait aussi des pommes.
(d) Non, celui que vous m'aviez recommandé.

**해설** 상점에서 오가는 대화이다. 점원이 주문받은 상품을 내주면서 더 필요한 것이 없는지를 묻고 있다.

**번역** F : 손님, 이것하고요? (또 필요한 것 있으세요?)
H : 사과도 좀 필요할 것 같아요.

**참고** plaire à qn ~의 마음에 들다
pomme n.f. 사과
il faut qc à qn ~에게 ~이 필요하다
recommander 추천하다

## 07

H : Excusez-moi, savez-vous où se trouve la poste ?
F : ______________________________

(a) Merci, c'est très gentil.
(b) En fait, je vous trouve fatigué.
(c) Vous y êtes, elle est juste derrière vous !
(d) Oui, c'est bien ça. Allez-y.

**해설)** 길을 물을 때의 대화이다. 의문사를 포함하는 의문문이 « savoir » 동사의 목적어 위치에 나타난 간접 의문문 구조이다. (c)의 « Vous y êtes »는 직역하면 '당신은 거기에 있어요', 즉 '여기가 바로 거깁니다'라는 표현이다.

**번역)** H : 실례합니다, 우체국이 어딘지 아세요?
F : 여깁니다, 바로 당신 뒤에 있어요.

**참고)** en fait 사실(은), 사실상(은) [역접관계의 의미]
juste ad. 바로, 꼭
C'est bien ça. 바로 그거야.

## 08

F : La nouvelle copine d'Olivier est mignonne, non ?
H : ________________________________________

(a) Euh... je ne sais pas trop.
(b) Oui, Olivier, je le trouve beau.
(c) Non, il m'a dit qu'il ne viendrait pas.
(d) Des nouvelles d'Olivier ? Mais qu'est-ce qu'il a ?

**해설**

의견을 말하고 동의를 구할 때 오가는 대화이다. (a)의 « trop »는 통상 '너무', '지나치게'의 의미지만, 여기서는 '잘은 (모르겠어)'의 뜻으로 쓰였다. (b)의 « trouver »는 « trouver +직접목적보어+속사 » 구문으로 '~을 ~하다고 생각하다'라는 뜻이다. (d)의 « qu'est-ce qu'il a ? »는 '걔한테 무슨 일 있어?', '걔, 무슨 일이야?'라는 표현이다.

**번역**

F : 올리비에 새 여자친구 귀엽지, 안 그래?
H : 음··· 난 잘 모르겠어.

**참고**

mignon a. 귀여운

## 09

H : Tu as vu Céline ce matin ?

F : ______________________________

(a) Tu ne la trouves pas jolie ?

(b) Elle est très sympa, non ?

(c) Oui, elle était dans la salle de cours.

(d) Non, je n'aime pas ça.

**해설)** (b)의 « sympa »는 « sympathique »의 줄임말로서 '호감이 가는', '괜찮은'의 의미이다. (c)에서 « être »가 반과거로 쓰였다는 점에 주의하자.

**번역)** H : 오늘 아침에 셀린느 봤어?
F : 응, 걔 강의실에 있었어.

**참고)** joli a. 예쁜
salle de cours n.f. 교실

## 10

F : Monsieur, je voudrais un renseignement, s'il vous plaît !
H : ____________________

(a) Qu'est-ce que ça veut dire ?
(b) Oui, je vous écoute.
(c) Certainement, ils sont là.
(d) Tenez, ça fait trois euros.

**해설**

뭔가 문의할 때 오가는 대화이다. 조건법 현재형(voudrais)과 « s'il vous plaît »를 사용하여 완곡하게 예의를 갖추어 표현하고 있다. (a)는 '그게 무슨 뜻이지요?'라는 표현, (b)의 « je vous écoute »는 '말씀하세요'라는 뜻이다. (d)의 « Tenez »는 '자, 여기 있습니다(받으세요)', « ça fait trois euros »는 « ça fait + 수 형용사+돈 단위 » 구문으로 '3유로입니다'라는 뜻이다.

**번역**

F : 선생님, 한 가지 여쭤봤으면 하는데요.
H : 예, 말씀하세요.

**참고**

renseignement n.m. 정보, 안내
écouter qn ~의 말을 듣다, 경청하다
cf. entendre qn 듣다(들리다)
certainement 물론

## 11

H : Pour aller place de la Bastille, s'il vous plaît ?
F : ______________________

(a) Je n'ai pas le temps.
(b) Bastille ? Mon mari y est allé hier.
(c) C'est trop cher. On ne peut pas y aller.
(d) Prenez la deuxième rue à droite.

**해설)** 길을 물을 때 오가는 대화이다.

**번역)** H : 실례합니다, 바스티유 광장 어떻게 가죠?
F : 두 번째 길에서 오른쪽으로 가세요.

**참고)** avoir le temps de+inf ~할 시간이 있다
cher a. 비싼
à droite 오른쪽으로, 오른쪽에

## 12

F : Vraiment, il exagère ! Tu ne trouves pas ?
H : ______________________________

(a) Ah oui ! Il n'est vraiment pas poli !
(b) Il faudra en acheter beaucoup.
(c) Oui, oui, je sais, il est très sympa.
(d) C'est vrai, il a beaucoup d'amis.

**해설** 의견에 동의를 구할 때 오가는 대화이다. « exagérer »는 '~을 과장하다'라는 뜻의 동사인데, 여기서처럼 목적어 없이 사용될 때는 '지나치다', '너무하다'의 의미를 갖는다. « Tu ne trouves pas ? »는 « trouver »가 목적어 없이 사용되어 '그렇게 생각하지 않니?'라는 뜻이 된다.

**번역** F : 걔 정말 너무한다! 그렇지 않니?
H : 맞아! 걔 정말 예의가 없어!

**참고** poli a. 예의바른
beaucoup de (~이) 많은

## 13

H : Tu ne sais pas ce que Sylvie a encore fait ?
F : ______________________________

(a) Si, c'est demain.
(b) Je pensais qu'elle était première.
(c) Non. Qu'est-ce qu'il lui est arrivé ?
(d) Non, je ne connais pas tous ses amis.

**해설)** 대화 중 제3자의 최근 잘못을 환기시킬 때 오가는 대화이다. (c)의 « Qu'est-ce qu'il lui est arrivé ? »는 « qu'est-ce qu'elle a ? »처럼 '걔한테 무슨 일 있어?', '걔, 무슨 일이야?'라는 뜻을 갖는 표현이다.

**번역)** H : 너 실비가 또 무슨 짓 했는지 몰라?
F : 응 몰라, 걔한테 무슨 일 생겼어?

**참고)** premier a. 첫(번)째의
connaître 알다

## 14

F : Isabelle voudrait qu'on l'aide à déménager. Tu es d'accord ?
H : ______________________________

(a) Mon métier, c'est chauffeur.
(b) Je n'aime pas les gens trop dynamiques.
(c) Non, c'est l'an dernier que j'ai déménagé.
(d) Ouais, mais seulement si c'est le week-end.

**해설** 어떤 일을 제안하면서 동의를 구하는 상황이다. (d)의 « mais seulement si ~ »는 '하지만, ~할 경우에만'의 의미이다.

**번역** F : 이자벨이 이사하는 것 우리가 도와줬으면 하던데. 너 어때?
H : 그러지 뭐, 근데 주말이어야만 해.

**참고** aider qn à+inf ~가 ~하는 것을 돕다
déménager 이사하다
métier n.m. 직업
chauffeur n.m. 운전기사
l'an dernier 작년(에)

## 15

H : Tu ne le trouves pas beau, ce tableau ?
F : ______________________

(a) Oui, je l'ai trouvé avant-hier.
(b) Non, je ne l'ai pas encore trouvé.
(c) C'était en surfant sur Internet.
(d) Ben... moi, je ne sais pas trop.

**해설**

그림에 대한 자신의 생각에 동의를 구할 때 오가는 대화이다. « trouver+직접목적보어+속사 » 구문으로 '~을 ~하다고 생각하다'라는 뜻을 갖는다. (d)는 '글쎄… 난, 잘 모르겠어'라는 표현이다(문제 8번의 해설 참조).

**번역**

H : 이 그림, 예쁘다고 생각하지 않니?
F : 글쎄… 난 잘 모르겠어.

**참고**

avant-hier 그저께
surfer 서핑하다
sur Internet 인터넷에서

## Part II

(16~30) 다음 대화를 듣고 자연스러운 대화를 이룰 수 있는 가장 적절한 응답을 고르시오.

### 16

F : Tu viens à la fête ce soir, n'est-ce pas ?
H : Je ne pense pas, je ne me sens pas très bien.
F : Tu veux que j'appelle un médecin ?
H : ______________________________

(a) Je crois que la fête a été annulée.
(b) Ça se passe dans le 8e arrondissement.
(c) Non merci, ça ira. Je vais juste rentrer chez moi.
(d) Tu devrais consulter ton dentiste.

**해설** 저녁 파티에 참석하는지 물을 때 오갈 수 있는 대화이다. 파티에 올 것 같은 친구가 몸이 아파 그냥 집에 들어가려고 한다.

**번역**
F : 너 오늘 저녁 파티에 오지, 그렇지?
H : 못 갈 것 같아, 몸이 좀 안 좋네.
F : 의사 부를까?
H : 고맙지만 그러지 마, 괜찮아질 거야. 그냥 집에나 들어갈래.

**참고**
fête n.f. 축제, 파티
se sentir bien 상태가 좋다
médecin n.m. 의사
consulter (un médecin) (의사에게) 진료를 받다
dentiste n.m. 치과의사

## 17

H : Alors, comment se passe votre nouveau travail ?

F : Bof... Je ne suis pas enthousiaste.

H : Et pourquoi ?

F : ________________________

(a) Vous savez, je m'ennuie !

(b) Le poste est intéressant.

(c) Oui, ça marche bien, ça va.

(d) Tu n'as vraiment pas de chance !

**해설**

새로운 직장에서 일하게 된 사람에게 근황을 물을 때 오가는 대화이다. 상대방이 부정적으로 대답하자 그 이유를 묻고 있다. « Alors »는 '자, 그래' 정도의 의미로 질문에 앞선 간투사 기능을 한다. « Bof... »는 시큰둥하게 반응할 때 쓰는 간투사이다.

**번역**

H : 그래, 당신 새 (직장)일 어때요?

F : 글쎄요…. 별로 흥이 안 나요.

H : 아, 왜요?

F : 있잖아요, 답답해요!

**참고**

se passer 경과하다, 진행되다

enthousiaste a. 열광하는, 흥이 나는

ennuyer qn ~을 권태롭게 하다

marcher (bien) (잘) 진행되다

avoir de la chance 운이 좋다

## 18

F : Et pour vos vacances, vous partez où ?
H : On ne sait pas encore.
F : Pourquoi pas un voyage au Japon ?
H : ______________________________

(a) Une randonnée ? Ah non merci !
(b) Mais j'aimerais mieux partir cet hiver.
(c) C'est une bonne idée, mais c'est loin...
(d) Ma voiture est encore tombée en panne.

**해설** 휴가계획을 물을 때 오가는 대화이다. 상대방은 아직 휴가 갈 장소를 정하지 못했고 이에 일본을 권유하는 내용이다.

**번역**
F : 그래, 휴가는 어디로 가세요?
H : 아직 잘 모르겠어요.
F : 일본 여행 어떠세요?
H : 좋은 생각이지만, 멀어요….

**참고**
partir 떠나다
voyage n.m. 여행
randonnée n.f. 긴 산책
tomber en panne 고장이 나다

## 19

H : Donc, je choisirai cette veste-là.

F : Excusez-moi, la grise ou la bleue ?

H : La bleue, s'il vous plaît.

F : ________________________________

(a) Alors, je vous dois combien ?

(b) C'est une bonne idée, elle vous va très bien.

(c) Je vous rembourse tout de suite.

(d) Quelle couleur aimez-vous ?

**해설** 옷가게에서 옷을 고르는 고객과 점원 사이에서 오가는 대화이다. « la grise », « la bleue »는 각각 « la veste grise »와 « la veste bleue »를 가리킨다.

**번역**

H : 그래, 저 상의로 할래요.

F : 죄송한데요, 회색요? 아니면 파란색요?

H : 파란색요.

F : 좋은 생각이세요, 그게 손님께 아주 잘 어울려요.

**참고**

choisir 선택하다

veste n.f. 상의, 윗옷, 저고리

rembourser (qn) (~에게) 지불하다

tout de suite 곧, 바로

## 20

F : Oh ! Cet alcool est très fort, non ?
H : Oui, c'est normal, c'est de la vodka !
F : Mais ça fait combien de degrés ?
H : ______________________________

(a) Environ quarante, je pense.
(b) Moins trois degrés. Il fait froid.
(c) C'est très froid, non ?
(d) L'alcool, c'est plutôt pour les hommes, hein ?

**해설**

보드카를 마시면서 주고받는 대화이다. 보드카는 셀 수 없는 명사이므로 부분관사가 사용되었다. 여기서 « degrés »는 알코올 도수를 말한다.

**번역**

F : 와~! 이 술 아주 독하네, 안 그래?
H : 그럼, 당연하지, 그거 보드카야!
F : 근데, 이거 알코올 도수가 얼마니?
H : 대략 40도 정도 될걸.

**참고**

alcool n.m. 술
fort a. 센, 강한
normal a. 당연한, 보통인
froid a. 찬, 차가운

## 21

H : Alors, ces vacances... ?

F : Ne m'en parle pas ! Un vrai cauchemar !

H : Comment ça ?

F : ______________________________

(a) En voiture ou en train.

(b) Il a plu toute la semaine !

(c) Le soleil, la mer bleue, les cocotiers...

(d) C'était absolument génial !

**해설)** 비 때문에 휴가를 망친 사람과 주고받는 대화이다. « Comment ça ? »는 '어쩌다가?', '어떻게 해서 그렇게 되었니?'의 뜻이다. 이때 « ça »는 이전 대화의 내용을 가리키는데, 이렇게 의문사와 « ça »가 결합된 표현은 대화상황에서 흔히 사용된다. « Où ça ? » '그게 어딘데?', « Quand ça ? » '그게 언젠데?', « Pourquoi ça ? » '그게 왜 그런데?' 등이 있다.

**번역)** H : 그래, 이번 휴가는 (어땠어)…?

F : 말도 마! 정말 악몽이었어!

H : 어땠기에?

F : 한 주 내내 비만 왔어!

**참고)** vacances n.f.pl. 휴가

cauchemar n.m. 악몽

pleuvoir 비 내리다(비인칭 주어 il과 함께)

cocotier n.m. 야자나무

génial a. 훌륭한, 환상적인

## 22

F : Maintenant, nous avons un deuxième appel. Allô ?
H : Oui, bonjour, je m'appelle Cédric.
F : Tu appelles d'où, Cédric ?
H : ______________________________

(a) De Marseille.
(b) Je t'écoute, Sarah.
(c) Oui, je suis Cédric.
(d) D'accord, je te rappelle tout de suite.

**해설**

방송에서 청취자 혹은 시청자의 전화를 받을 때 오가는 대화이다. « d'où »는 그대로 옮기자면 '어디로부터'라는 뜻으로 '어디서'에 해당되는 표현이다. 즉 전화하는 장소를 묻기 위해 사용되었다.

**번역**

F : 이제, 두 번째 전화입니다. 여보세요?
H : 예, 안녕하세요, 전 세드릭입니다.
F : 세드릭, 어디서 전화하는 거죠?
H : 마르세유에서요.

**참고**

appel n.m. 통화, 전화
rappeler qn ~에게 다시 전화를 걸다

## 23

H : Bonjour, je cherche un guide sur l'Italie.
F : Allez voir au rayon « Loisirs et Voyages ».
H : Il se trouve où ?
F : ________________________

(a) Il n'y en a pas ici.
(b) C'est exactement ça.
(c) A pied, c'est un peu loin.
(d) Au fond du magasin, à gauche.

**해설)** 서점에서 책을 찾는 고객에게 점원이 안내를 하는 상황의 대화이다.

**번역)** H : 안녕하세요, 이탈리아 여행 안내서를 찾는데요.
F : '여가와 여행' 코너로 가보세요.
H : 그게 어딘데요?
F : 매장 왼쪽 구석요.

**참고)** guide n.m. 여행 안내서
rayon n.m. (서점, 상점 등의) 코너, 구역
loin 멀리
au fond de ~의 깊숙한 곳에
à gauche 왼쪽에, 왼쪽으로

## 24

F : Tu crois que l'économie française va bien ?
H : Hum... Comme ci comme ça.
F : En tout cas, tout est plus cher, non ?
H : ______________________________

(a) Je pense qu'il a tort.
(b) Je crois que tu rêves de trop.
(c) Non, je n'aime pas l'économie.
(d) Oui. C'est ce que tout le monde dit.

**해설**

프랑스 경제 상황에 대한 의견을 나누는 대화이다. « Comme ci comme ça »는 '그럭저럭', '고만고만', '그저 그렇게'의 뜻을 가진 표현이다.

**번역**

F : 넌 프랑스 경제 상황이 좋다고 생각해?
H : 음… 그저 그렇지.
F : 어쨌든, 모든 게 더 비싸졌어, 안 그래?
H : 그래. 다들 그렇게 말해.

**참고**

croire 생각하다
économie n.f. 경제
en tout cas 하여간
avoir tort 틀리다
rêver 공상하다, 허튼 생각을 하다, 꿈꾸다

## 25

H : Madame Garcia a eu un bébé le mois dernier.

F : A son âge ? Et le bébé va bien ?

H : Oui, pourquoi ?

F : ____________________________________

(a) Ma fille se porte bien, merci.

(b) De toute façon, ça ne m'intéresse pas.

(c) Tu sais bien... les risques augmentent avec l'âge.

(d) Les bébés... c'est trop bruyant.

**해설**

나이가 있는 한 부인의 출산 소식을 전하면서 주고받는 대화내용이다. « avoir eu un bébé »는 '아이를 낳았다'라는 표현이다.

**번역**

H : 가르시아 부인이 지난달 아이를 낳았어.

F : 그 나이에? 그래, 아기는 괜찮아?

H : 응, 왜?

F : 잘 알잖아…. 나이와 함께 위험도 증가해.

**참고**

bébé n.m. 아이

âge n.m. 나이

se porter bien/mal 건강상태가 좋다/나쁘다

de toute façon 하여간

risque n.m. 위험

augmenter 증가하다, 증대되다

bruyant a. 시끄러운

## 26

F : Bonjour, je voudrais des informations pour l'inscription.
H : Pouvez-vous d'abord me présenter une pièce d'identité ?
F : Mais je n'ai pas ma carte d'identité ici...
H : ________________________________

(a) Ça ira avec ma carte de séjour ?
(b) Vous avez un permis de conduire ?
(c) Ce n'est pas nécessaire pour l'inscription.
(d) Vous devez le signaler immédiatement à la police !

**해설**

등록을 위한 정보 문의차 갔다가 신분증 제시를 요구받으면서 오가는 대화이다. « pièce d'identité »는 총칭적 의미의 '신분증'을 의미한다.

**번역**

F : 안녕하세요. 등록에 관한 정보 좀 얻었으면 해서요.
H : 우선 신분증부터 제시해 주시겠어요?
F : 그런데, 지금 주민증이 없는데요….
H : 운전면허증은 있으세요 ?

**참고**

information n.f. 정보, 안내
inscription n.f. 등록
présenter 제시하다
pièce d'identité n.f. 신분증(총칭적 의미)
carte d'identité n.f. 신분증(주민증 등 개별적 의미)
permis de conduire n.m. 운전면허증
nécessaire a. 필요한, 필수적(인)
signaler (à qn) (~에게) 알리다, 고지하다
immédiatement ad. 즉시

## 27

H : Qu'est-ce que tu fais pendant les vacances ?
F : Moi, j'aime surtout le calme et la nature. Et toi, Jacques ?
H : Tu vois, moi, je préfère connaître de nouveaux pays.
F : ______________________________

(a) Oui, il y a de beaux paysages, ici.
(b) Donc tu vas aller à la montagne ?
(c) Alors, tu penses voyager à l'étranger ?
(d) Ah bon ? Tu veux rester chez toi tout l'été ?

**해설** 휴가계획을 묻는 과정에서 오가는 대화이다.

**번역**
H : 휴가 동안 뭐 할 거니?
F : 난, 무엇보다 평온함과 자연을 좋아해. 자크, 넌?
H : 있잖아, 난 새로운 나라를 경험하는 것이 더 좋아.
F : 그럼, 외국여행을 할 생각이니?

**참고**
paysage n.m. 경치
à l'étranger 외국에, 외국으로
été n.m. 여름

## 28

F : Je voudrais faire un long voyage en Afrique du Sud...
H : Ah oui. C'est une bonne idée.
F : Oui, mais je ne sais pas en quelle saison partir... Tu sais, toi ?
H : ________________________________

(a) Ici, le soleil est présent toute l'année.
(b) Le week-end, c'est toujours plus facile.
(c) Le mieux, ce serait entre octobre et décembre.
(d) En France, le mois d'août est le plus chaud.

**해설**

여행계획을 이야기하며 주고받는 대화이다. « en quelle saison partir »는 의문문이 « 의문사+inf »로 구성된 경우이다. 또한, 그것이 « savoir » 동사의 목적어 위치에 나타난 간접의문문이다.

**번역**

F : 난 남아프리카 공화국을 오래 여행해봤으면 해….
H : 그래. 좋은 생각이야.
F : 그렇지. 하지만 어느 계절에 떠나야 할지 모르겠어…. 넌 아니?
H : 가장 좋은 건, 시월에서 십이월 사이일걸.

**참고**

faire un voyage 여행하다
long a. 긴
saison n.f. 계절
présent a. 존재하는, 늘 있는
facile a. 쉬운
chaud a. 더운

## 29

H : Un aller-retour pour San Francisco, embarquement immédiat, s'il vous plaît.

F : Désolée monsieur, tous les vols sont annulés.

H : Je vais faire comment moi ? Je suis pressé.

F : ______________________________

(a) Désolée, il ne reste qu'une place.

(b) Ça vous dirait de passer par New-York ?

(c) Fumeur ou non fumeur ?

(d) Classe « affaires » ou classe « économique » ?

**해설**

공항에서 비행기표를 구매할 때 오가는 대화이다. « un aller-retour »는 '왕복표 한 장', « embarquement immédiat »는 '즉시 출발'을 뜻하는 표현이다.

**번역**

H : 샌프란시스코 왕복, 당장 출발하는 것으로 하나 주세요.

F : 죄송합니다 손님, 모든 항공편이 취소되었습니다.

H : 어떡하죠? 제가 아주 급해서요.

F : 뉴욕 경유하시는 것은 어떠세요?

**참고**

aller-retour n.m. 왕복(권)

embarquement n.m. 탑승

désolé a. 유감스러운

vol n.m. 항공편, 비행기

annuler 취소하다

pressé a. 시급한, 바쁜

passer par 경유하다

classe « affaires » 비즈니스석

classe « économique » 일반석

## 30

F : Tu connais Marcel, le copain de Delphine ?
H : Oui, on est amis, tu sais.
F : Ah bon ? Pourtant il est vraiment bizarre !
H : ______________________________

(a) Je t'envoie un message ce soir.
(b) D'accord, je veux bien.
(c) Mais pourquoi ? Qu'est-ce qu'il t'a fait ?
(d) Oui, il est très gentil.

**해설**

제3자에 대해 이야기할 때 오갈 수 있는 대화이다. 여기서 « on »은 '우리'의 의미이므로 « amis »가 복수형으로 쓰였다. 이때 동사는 문법적 일치를 보여 '3인칭 단수'로 활용된다. « tu sais »는 '있잖아, 있지' 정도의 의미를 지닌 간투사 기능을 한다.

**번역**

F : 너, 델핀느 남자친구, 마르셀 아니?
H : 응, 있잖아, 걔하고 나, 친구야.
F : 아, 그래? 그렇더라도 걔 정말 이상해!
H : 아니, 왜? 걔가 너한테 무슨 짓 했는데?

**참고**

copain n.m. 남자친구
bizarre a. 이상한
envoyer 보내다
message n.m. 메시지, 전갈
gentil a. 친절한

## Part III

(31~40) 다음 대화를 듣고 제시하는 질문에 대한 가장 적절한 응답을 고르시오.

### 31

H : Allô ?

F : Allô, l'agence Lenoir ? Je voudrais parler à Mme Baron.

H : Je vous entends très mal, madame. Vous demandez qui ?

F : Mme Baron, s'il vous plaît. C'est au sujet de mon loyer.

H : Ah, ah, Mme Baron ? Désolé, elle vient de quitter son bureau.

F : Ah d'accord. Je rappellerai demain matin.

Q. Où travaille Mme Baron ?

(a) dans une agence de voyage
(b) dans une agence immobilière
(c) dans un bureau de poste
(d) dans un bureau de tabac

**해설** 부동산 중개업소에 전화를 해서 담당자를 찾는 과정에서 오가는 대화이다. « Je vous entends très mal »은 '당신 말이 잘 안 들립니다', « Vous demandez qui ? »는 '누구를 찾으시죠?'라는 표현이다.

**번역**

H : 여보세요?

F : 여보세요, 르누아르 부동산이죠? 바롱 부인과 통화했으면 하는데요.

H : 잘 안 들립니다, 부인. 누구 찾으신다고요?

F : 바롱 부인요. 제 집세 문제인데요.

H : 아, 아, 바롱 부인요? 죄송합니다, 막 사무실 나가셨습니다.

F : 아, 알겠습니다. 내일 아침 다시 전화드리죠.

**참고**

au sujet de ~에 대한, ~에 관한
loyer n.m. 집세
quitter (+장소명사) (~를) 떠나다, 뜨다
agence de voyage n.f. 여행사
agence immobilière n.f. 부동산중개소
bureau de poste n.m. 우체국
bureau de tabac n.m. 담뱃가게

## 32

H : Bonjour mademoiselle, j'ai ce colis à envoyer...
F : Pour quelle destination ?
H : Pour Séoul, en Corée du Sud.
F : D'accord, mais il vous faut préciser le contenu.
H : Comment je fais ça ?
F : Vous remplissez cette déclaration.

Q. Où ce dialogue se passe-t-il ?

(a) dans une poste
(b) dans un aéroport
(c) chez un médecin
(d) chez un voyagiste

**해설** 우체국에서 소포를 보내려고 하는 사람이 우체국 직원과 나누는 대화이다.

**번역**
H : 안녕하세요 아가씨, 내가 소포 하나 보낼 게 있는데요….
F : 어디로 보내실 거죠?
H : 한국, 서울로요.
F : 알겠습니다, 그런데 내용물을 명기하셔야 해요.
H : 그거 어떻게 하는 거죠?
F : 이 신고서 작성하세요.

**참고**
colis n.m. 소포
avoir N à+inf ~할 N이 있다
destination n.f. 목적지
préciser 명시하다, 명기하다
contenu n.m. 내용, 내용물
remplir 채우다, 작성하다
déclaration n.f. 신고서

## 33

F : Excusez-moi monsieur, je cherche la mairie.
H : La mairie ? Voyons voir... je pense que c'est tout droit.
F : Vous n'êtes pas sûr ?
H : Pour tout vous dire, je ne suis pas du quartier.
F : Ce n'est pas grave, merci quand même.
H : Attendez, je vois un policier en face, je vais lui demander.

Q. D'après l'homme, qui doit savoir où se trouve la mairie ?

(a) Personne.
(b) Le policier.
(c) Lui-même.
(d) La femme.

**해설**

시청을 찾으려고 그 지역 사람이 아닌 행인에게 문의를 하면서 나누는 대화이다.

**번역**

F : 실례합니다 선생님, 저 시청을 찾고 있는데요.
H : 시청요? 자~ 봅시다…. 쭉 가시면 될 겁니다.
F : 확실치 않으세요?
H : 솔직히 말하자면, 저는 이 동네 사람이 아닙니다.
F : 괜찮아요. 아무튼 고맙습니다.
H : 기다리세요, 저 앞에 경찰이 보여요, 내가 물어볼게요.

**참고**

mairie n.f. 시청
droit a. 곧은, 일직선의
cf. tout droit 곧장, 쭉
sûr a. 확신하는
quartier n.m. 동네, 거리
quand même 그렇지만, 그럼에도 불구하고
policier n.m. 경찰관
en face 정면에, 앞에

## 34

H : Allô, Louise ?

F : Florent ? C'est toi ?

H : Eh oui, je téléphone pour prendre des nouvelles de ma petite sœur en Corée !

F : C'est gentil ! Tu sais, ici, rien de spécial. Mais quel temps !

H : Ah bon, il ne fait pas beau ?

F : Il fait moins quinze et les montagnes sont toutes blanches !

Q. On fait référence à quelle saison de l'année ?

(a) L'été.
(b) L'hiver.
(c) L'automne.
(d) Le printemps.

**해설**

플로랑이 한국에 있는 여동생 루이즈에게 안부전화를 하여 나누는 대화이다. « (il n'y a) rien de spécial »은 '특별한 것은 없어'라는 의미이다. 여기서 « de »는 부정대명사가 형용사의 수식을 받을 때 사용되는 것이다. « Il fait moins quinze »는 '영하 15도이다'란 표현이다.

**번역**

H : 여보세요, 루이즈니?
F : 플로랑? 너야?
H : 응 그래, 한국에 있는 우리 여동생 소식 좀 들으려고 전화했지.
F : 친절도 하지! 있잖아, 여긴, 특별한 일 없어. 한데, 웬 날씨가 이런지!
H : 아 그래, 날씨가 안 좋니?
F : 기온이 영하 15도야. 그리고 산들이 온통 하얘!

**참고**

téléphoner à qn ~에게 전화하다
nouvelle n.f. 소식
cf. prendre des nouvelles 소식을 듣다

# 35

F : Salut, Nicolas. Qu'est-ce que tu fais ?
H : Eh bien, tu vois, je vends des objets.
F : Ah oui, ils ont l'air anciens, non ?
H : Oui, mais ils marchent toujours.
F : Qu'est-ce que c'est, ça ? C'est très bizarre. Ça sert à quoi ?
H : C'est une lampe. C'était à la mode il y a trente ans.

Q. Qu'est-ce que Nicolas vend ?

(a) des objets d'occasion
(b) des objets à la mode
(c) des lampes cassées
(d) de nouvelles lampes

**해설**

한 여성이 골동품을 팔고 있는 니콜라와 나누는 대화이다. « ils ont l'air anciens »은 '~인 것 같다'의 뜻을 지닌 « avoir l'air+형용사 » 구문에 속한다. 이때 형용사는 주어의 성과 수에 따라 변할 수도 있고, 앞에 오는 명사 « air »의 성과 수에 일치하여 남성 단수형을 쓰기도 한다.

**번역**

F : 안녕, 니콜라. 너 뭐 해?
H : 음~, 있지, 물건들 팔아.
F : 아~ 그래, 오래된 물건들 같은데, 안 그래?
H : 응, 그래도 그것들 여전히 잘 작동돼.
F : 저거 뭐니, 저거? 참 이상하게 생겼네. 뭐 하는 데 쓰는 거야?
H : 램프야. 30년 전에 유행했었어.

**참고**

vendre 팔다
servir à qc/inf ~에/하는 데 사용되다, 쓰이다
il y a (+시간표현) ~ 전에
d'occasion 중고(의)
à la mode 유행하는

## 36

F : Est-ce que tu suis l'élection présidentielle ?

H : Non, pas du tout.

F : Mais pourquoi ? C'est important, non ?

H : Tu parles, c'est toujours la même chose.

F : Faut pas exagérer quand même !

H : Ecoute, je ne te demande pas de penser la même chose que moi.

Q. De quoi parlent-ils ?

(a) de l'économie

(b) de la politique

(c) de l'environnement

(d) de la culture

**해설** 대통령 선거에 대해 서로 의견을 나누는 대화상황이다.

**번역** F : 너, 대통령 선거 지켜보고 있니?

H : 아니, 전혀.

F : 아니 왜? 그거 중요하잖아, 안 그래?

H : 중요하긴 뭐, 늘 마찬가지야.

F : 그래도 그렇지, 그렇게 심하게 말하면 안 되지!

H : 이봐, 너보고 나랑 똑같이 생각하라는 게 아니야.

**참고** suivre 따라가다, 지켜보다

élection présidentielle n.f. 대통령 선거

## 37

H : Ensuite... Madame, vous désirez ?
F : Des pommes. Elles coûtent combien ?
H : 3 euros le kilo.
F : D'accord. Et les cerises ?
H : 4,50 euros les 500 grammes.
F : Ouf. Non ! Oubliez les cerises !

Q. Choisissez la phrase qui convient au texte.

(a) Le marchand n'a pas de cerises.
(b) La femme ne prend que des cerises.
(c) La femme ne prend que des pommes.
(d) La femme prend des pommes et des cerises.

**해설**

과일가게에서 점원과 고객이 주고받는 대화이다. « 3 euros le kilo »에서 « le »는 '마다', '~당'의 의미이다[cf. le matin (아침마다), le samedi (토요일마다)]. « Ouf »는 놀랐을 때 사용하는 감탄사이다.

**번역**

H : 다음…. 부인, 뭐 드릴까요?
F : 사과요. 얼마죠?
H : 킬로당 3유로예요.
F : 좋아요. 그러면 버찌는요?
H : 500그램당 4.5유로예요.
F : 어우. 아니에요! 버찌는 관두세요!

**참고**

désirer 원하다
coûter (+수형용사+화폐단위) (얼마)이다
cerise n.f. 버찌

## 38

F : Je voudrais bien quelques jours de vacances pour partir un peu...
H : Pour aller où ?
F : Je ne sais pas trop. Qu'est-ce que tu me conseilles ?
H : Tu préfères la mer ou la montagne ?
F : J'aime bien faire du ski.
H : Oui, ben, en ce moment, c'est l'été, tu sais !

Q. Finalement, comment réagit l'homme ?

(a) Il est content d'aider la femme.
(b) Il est déçu par le choix de la femme.
(c) Il est énervé par la réponse de la femme.
(d) Il est jaloux de la femme.

**해설** 휴가를 떠나고 싶어하나 장소를 결정 못한 여성이 남성동료와 나누는 대화이다.

**번역**
F : 정말, 며칠간 휴가 받아 좀 떠났으면….
H : 어디를 가려고?
F : 잘 모르겠어. 어디가 좋겠어?
H : 산이 좋아, 바다가 좋아?
F : 나 스키 타는 것 아주 좋아해.
H : 알았어, 음~, 잠깐, 지금 여름이잖아!

**참고**
conseiller 충고하다, 제안하다
faire du ski 스키를 타다
content (de qc/qn) a. (~에/에게) 만족한
déçu a. 실망한
énervé a. 화난
jaloux (de qc/qn) a. (~을) 질투하는, 시샘하는

## 39

F : Monsieur le directeur, je vous rappelle que vous avez rendez-vous à 14 heures.
H : Quel rendez-vous déjà ?
F : C'est monsieur Laval que vous devez voir.
H : Ah oui, mais j'avais complètement oublié.
F : Qu'est-ce que vous faites alors ?
H : On reporte le rendez-vous pour demain à la même heure.

Q. Choisissez la phrase qui convient au texte.

(a) Le directeur va voir monsieur Laval le lendemain.
(b) La secrétaire veut annuler le rendez-vous.
(c) Monsieur Laval a oublié le rendez-vous.
(d) Le directeur n'avait pas oublié son rendez-vous.

**해설)** 약속이 있음을 환기시켜 주는 비서와 이를 잊고 있었던 소장과의 대화이다. 결국 약속을 다음 날로 연기한다는 내용이다.

**번역)**
F : 소장님, 14시에 약속 있습니다.
H : 약속이라니 무슨?
F : 라발 씨와 만나셔야 합니다.
H : 아 그래, 그런데 까맣게 잊고 있었네.
F : 그럼 어떻게 하시겠습니까?
H : 약속을 내일 같은 시간으로 미루지.

**참고)**
rendez-vous n.m. 약속
complètement 완전히
oublier 잊다
reporter 미루다, 연기하다

## 40

F : Dis Fabrice, il y aura combien de personnes à ton anniversaire ?

H : Au total, treize.

F : Vraiment ? Treize ? Au moins, toi, tu n'es pas superstitieux.

H : Oh, tu as raison, je n'y avais pas pensé ! Comment faire ?

F : Attends. Treize personnes, avec toi ?

H : Non, juste les invités. Donc, ça fait un de plus avec moi.

Q. Finalement, il y aura combien de personnes au total à l'anniversaire de Fabrice ?

(a) Douze.
(b) Treize.
(c) Quatorze.
(d) Quinze.

**해설** 파브리스의 생일 파티에 올 손님들의 숫자와 관련해서 오가는 대화이다. 파브리스가 자신은 포함하지 않고 13명으로 잘못 말했다가 결국 14명임을 알게 된다는 내용이다.

**번역** F : 파브리스, 있잖아, 네 생일에 몇 명이나 오지?

H : 모두, 13명.

F : 정말? 13명? 적어도 넌 미신을 믿진 않네.

H : 아, 그렇군, 그걸 생각 못했었네! 어떡하지?

F : 있어봐. 13명이 너까지 쳐서야?

H : 아니, 손님들만. 그러니까, 나까지 치면 한 명 더 되네.

**참고** anniversaire n.m. 생일

au total 총, 모두 합해서

au moins 적어도

avoir raison 옳다

penser à (qc/qn) (~을/에 대해) 생각하다

invité n.m. 피초청자, 손님

## Part IV

(41~50) 다음 글을 듣고 제시하는 질문에 대한 가장 적절한 답을 고르시오.

### 41

Beaucoup de patients viennent me voir, ils ont toujours le même problème : ils ont mal au dos ou ils veulent perdre du poids... Et moi, je réponds toujours la même chose : abandonnez votre vie sédentaire, faites de la natation, mangez plus de fruits et de légumes !

Q. Quelle est la profession de cette personne ?

(a) Elle est médecin.
(b) Elle est agent de police.
(c) Elle est banquière.
(d) Elle est professeur de sport.

**해설)** 한 의사가 진료 경험을 바탕으로 규칙적인 운동과 식생활 개선이 건강의 기본임을 말하고 있다.

**번역)** 많은 환자들이 날 보러 오는데, 그분들은 늘 똑같은 문제가 있어요. 즉 허리가 아프다거나 체중을 줄이고 싶다거나…. 그래서 전 늘 똑같은 대답을 해요. '집에서만 은둔하는 생활을 버리세요, 수영을 하세요, 과일과 야채를 더 많이 드세요'라고요.

**참고)**
patient(e) n. 환자
venir (+inf) ~하러 오다
avoir mal à (+정관사+신체부위) (~가) 아프다
perdre du poids 살을 빼다, 몸무게를 줄이다
abandonner 버리다, 포기하다, 그만두다
banquier(ère) n. 은행원, 은행가

42

Internet, moi, je trouve ça génial. On peut obtenir des informations utiles en très peu de temps, communiquer avec des gens du monde entier, visiter des musées dans des pays où on n'ira jamais, on peut même acheter ce qu'on veut sans se déplacer, et tout ça sans difficulté.

Q. La femme, comment trouve-t-elle Internet ?

(a) inutile
(b) trop cher
(c) très pratique
(d) vraiment dangereux

해설 인터넷의 효용성과 편리함을 높이 평가하는 한 여성이 자신의 의견을 말하고 있다.

번역 인터넷, 난 그것이 환상적이라고 생각해. 유용한 정보를 아주 짧은 시간에 얻을 수 있지, 전 세계 사람들과 소통할 수 있지, 절대 가지 않을 나라들의 미술관들을 방문할 수 있지, 게다가 이동하지 않고서도 원하는 것을 사기까지 할 수 있어. 그리고 이 모든 것을 힘 안 들이고 할 수 있어.

참고 génial a. 기막힌, 훌륭한, 환상적인
utile (à + qc/inf) a. (~에/하는 데) 유용한
communiquer (avec+N) (~와) 소통하다
visiter 방문하다
se déplacer 이동하다, 자리를 옮기다
cf. sans se déplacer 이동하지 않고
sans difficulté 어려움 없이
inutile a. 불필요한, 무용한
pratique a. 실용적인
dangereux a. 위험한

## 43

Les Parisiens sont nombreux à quitter la capitale pour les stations de ski. Mais ceux qui voulaient partir en train devront trouver une autre solution, car la grève des conducteurs se poursuit.

Q. D'après le texte, on est en quelle saison ?

(a) au printemps
(b) en été
(c) en automne
(d) en hiver

**해설)** 기관사들의 파업이 있으니 철도편으로 스키장을 가려는 사람들은 다른 수단을 찾아야 할 것이라는 내용이다.

**번역)** 파리 사람들 중 스키장을 가려고 수도를 떠나는 이들이 많다. 그러나 기차로 떠나려던 사람들은, 기관사들의 파업이 계속되고 있으니, 다른 방법을 찾아야 할 것이다.

**참고)** N être nombreux à+inf ~하는 N이 많다
station de ski n.f. 스키장
grève n.f. 파업
se poursuivre 지속되다, 계속되다

## 44

Bonjour ! Je m'appelle Jacques. Je suis un fidèle auditeur. J'écoute tous les jours votre émission sur la musique pop des années 60 et je m'adresse à vous car je recherche une info que je ne trouve pas. Je suis fan des Beatles et je voudrais savoir comment John Lennon a rencontré Yoko Ono et quel jour ils se sont mariés.

Q. Jacques cherche quel type d'information sur John Lennon ?

(a) sur ses études
(b) sur ses albums
(c) sur ses amours et sa vie privée
(d) sur ses plus grands succès musicaux

**해설)** 음악방송의 한 애청자가 존 레논과 요코 오노가 만나게 된 경위와 결혼시기 등을 알고자 방송 진행자에게 문의하는 내용이다.

**번역)** 안녕하세요. 전 자크입니다. 변함없는 애청자이고요. 전 60년대 팝 음악을 틀어주는 당신 방송을 매일 듣고 있어요. 그리고 제가 찾지 못한 정보 하나를 얻으려고 이렇게 연락 드려요. 제가 비틀즈의 팬인데요, 존 레논이 요코 오노와 어떻게 만났는지, 그리고 언제 그들이 결혼했는지 좀 알았으면 해요.

**참고)**
fidèle a. 충실한
fidèle auditeur n.m. 애청자
émission n.f. 방송(프로그램)
s'adresser à qn ~에게 말하다, 말을 걸다
se marier (avec) (~와) 결혼하다

# 45

Chers amis, je vous ai rassemblés pour vous informer de quelque chose. C'est pas très facile à dire, mais je dois vous annoncer que je suis malade et qu'il ne me reste que quelques mois à vivre. Aussi, je voudrais faire beaucoup de choses avec vous et profiter au maximum du temps dont je dispose. Non, je vous prie, ne soyez pas si tristes.

Q. La femme annonce quoi à ses amis ?

(a) qu'elle va mourir
(b) que la vie ne l'intéresse pas
(c) qu'elle veut vivre en collocation
(d) qu'elle a un petit problème d'argent

**해설** 병으로 살 날이 몇 달 남지 않은 한 여성이 친구들에게 이 사실과 자신의 바람을 알리는 내용이다.

**번역** 사랑하는 친구들아, 내가 너희들을 불러 모은 것은 한 가지 알릴 것이 있어서야. 말하기가 그렇게 쉽지는 않지만, 내가 병이 들어 살 날이 몇 달밖에 안 된다는 사실을 너희들에게 알려야 해. 또한, 너희들과 함께 많은 것들을 했으면 해. 그래서 내게 남은 시간들을 최대한 유용하게 썼으면 해. 그러지 마, 제발 부탁인데, 그렇게 슬퍼하지들 마.

**참고**
rassembler 모으다
informer qn de qc ~에게 ~을 알리다
facile à+inf ~하는 것이 쉬운
annoncer à qn que+P ~에게 ~을 알리다
rester à qn 시간 à+inf [비인칭 주어 il과 함께] ~에게 ~할 시간이 (~만큼) 남다
profiter de ~을 활용하다
au maximum 최대한, 극대로

## 46

Messieurs dames, je vous rappelle le programme de notre journée. Nous allons passer la matinée au Louvre, puis nous déjeunerons dans un bistrot. Après nous irons à la tour Eiffel et au musée Rodin, et nous finirons la soirée sur un bateau-mouche pour un superbe dîner-promenade sur la Seine.

Q. Qui parle ?

(a) un journaliste de la télé
(b) un guide touristique
(c) un gardien de musée
(d) un professeur de collège

**해설** 하루의 관광 일정을 안내하는 내용이다.

**번역** 신사 숙녀 여러분, 오늘 프로그램을 다시 알려드릴게요. 우린 루브르박물관에서 오전을 보내고, 식당에서 점심을 할 겁니다. 그 다음엔 에펠탑과 로댕박물관을 갈 거예요. 그리고 멋진 센강 유람과 저녁식사로 유람선에서 저녁일정을 마무리할 거예요.

**참고** passer (+시간표현) ~을 보내다
bistrot n.m. 식당
bateau-mouche n.m. 유람선

## 47

Salut ! Je m'appelle Julie et j'ai 24 ans. Comme vous, quand le ciel est gris, j'ai les idées noires, autrement dit l'hiver me déprime... Alors, cette année, j'ai décidé de réagir et ça marche ! Après une bonne journée de travail, je m'occupe de moi, je mange bien et je dors au moins huit heures. Par ailleurs, je sors régulièrement au cinéma avec mes amis. C'est une question d'habitude. Essayez et vous verrez !

Q. Julie veut aider les gens à faire quoi ?

(a) à faire du sport
(b) à trouver du travail
(c) à partir aux sports d'hiver
(d) à chasser la mélancolie de l'hiver

**해설**

적극적인 생활방식을 취함으로써 겨울마다 겪던 우울증에서 벗어난 한 젊은 여성이 같은 문제를 겪는 사람들에게 습관을 바꾸는 등 적극적으로 대처하기를 권하는 내용이다.

**번역**

안녕하세요. 전 쥘리라고 해요, 스물네 살이고요. 여러분처럼 저도 날이 흐리면 우울한 생각들을 해요. 즉 겨울이면 우울해져요…. 그래서, 금년에는 이에 대응해 보기로 결심을 했는데, 그것이 통했어요! 하루 일을 끝낸 후에 전 제 자신을 돌봐요. 잘 먹고 적어도 8시간은 수면을 취해요. 또한 친구들과 정기적으로 극장에 가요. 습관의 문제인 것 같아요. 한번 시도해 보세요!

**참고**

gris a. 회색의, 회색빛의
déprimer 우울하게 하다, 위축시키다
décider de+inf ~하기로 결심하다
réagir 대응하다, 반응하다
s'occuper de+qc/qn ~을 돌보다
régulièrement ad. 규칙적으로
habitude n.f. 습관
essayer 시도하다
chasser 쫓아내다, 내몰다
mélancolie n.f. 우울, 침울

## 48

Franchement parlant, l'état actuel de l'économie mondiale m'inquiète beaucoup. Il y a des problèmes dans tous les pays. La vie quotidienne devient très chère, mais les salaires n'augmentent pas. En plus, il y a de moins en moins d'emplois. C'est pourquoi je ne vois pas la vie en rose.

Q. Quel est le ton du message ?

(a) Pessimiste.
(b) Bien motivé.
(c) Très optimiste.
(d) Complètement indifférent.

**해설)** 현재 세계 경제상황의 심각성을 말하고 이를 우려하는 내용을 담고 있다.

**번역)** 솔직히 말해서, 현재의 세계 경제상황이 아주 걱정입니다. 모든 나라들이 문제가 있어요. 생활비는 아주 비싸지는데, 봉급은 오르지 않죠. 게다가, 일자리는 점점 줄어들고 있어요. 그래서 전 낙관적으로 보질 않아요.

**참고)**
franchement parlant 솔직히 말해서
état actuel n.m. 현재 상태, 현 상황
inquiéter qn ~에게 걱정을 끼치다
quotidien a. 일상의, 일상적인
salaire n.m. 보수, 급여
en plus 게다가
de moins en moins 점점 덜
emploi n.m. 일자리
c'est pourquoi 따라서

## 49

Messieurs, voici la situation. Suite à une intensification du vent en soirée, l'incendie a progressé rapidement en direction du sud. Nos effectifs ont de gros problèmes de ce côté, et nos hélicoptères luttent encore sur les autres fronts. J'ai demandé des renforts, mais ils ne seront pas sur le terrain tout de suite et, malheureusement, la nuit ne nous facilite pas le travail.

Q. D'après le texte, quel est l'état d'esprit de ce pompier ?

(a) Il a l'air amusé.
(b) Il a l'air inquiet.
(c) Il a l'air fâché.
(d) Il a l'air satisfait.

**해설)** 소방관이 화재 진화작업의 현황을 설명하고 있다. 강풍과 인원 및 장비 부족, 그리고 밤이라는 시간적 여건으로 진화작업이 어렵다는 내용이다.

**번역)** 여러분, 상황은 이렇습니다. 저녁 나절 바람이 세차진 관계로 불이 남쪽으로 빠르게 번져갔습니다. 우리 인력들이 이쪽에서 큰 어려움을 겪고 있습니다. 우리 헬기들은 여전히 다른 쪽에서들 싸우고 있어요. 제가 지원인력을 요청했습니다만 현장에 즉각 도착하지는 못할 겁니다. 그리고, 불행히도, 밤이라 일이 쉽지가 않습니다.

**참고)**

suite à ~의 결과, ~로 인해
intensification n.f. 강화
progresser 확대되다
en direction de ~ ~ 방향으로
effectif n.m. 병력, 인력
lutter 싸우다
renfort n.m. 증원군
faciliter 용이하게 하다, 돕다

## 50

C'est un grand honneur pour moi de recevoir ce prix prestigieux. Cela fait vraiment plaisir qu'un jury aussi varié, composé d'écrivains, de cinéastes, de journalistes et de personnalités du monde politique, ait décidé de me remettre ce prix littéraire pour récompenser l'auteur que je suis.

Q. Quelle est la profession de cette personne ?

(a) Elle est écrivain.
(b) Elle est journaliste.
(c) Elle fait de la politique.
(d) Elle fait du cinéma.

**해설** 문학상을 수상한 한 작가의 수상소감이다.

**번역** 이 명망 높은 상을 받는 것이 제겐 큰 영광입니다. 작가, 영화감독, 기자, 정계 인사 등 그렇게 다양한 각계의 인사들로 구성된 심사위원단께서 저 같은 작가에 대한 보상으로 이 상을 제게 수여하기로 결정하셨다는 것이 정말 기쁩니다.

**참고**

honneur n.m. 영광, 명예
 cf. avoir l'honneur de+inf ~해서 영광이다
recevoir 받다
prix n.m. 상
prestigieux a. 명망 있는, 유명한
jury n.m. 심사위원
composé de (+N) ~으로 구성된
cinéaste n. 영화인
personnalité n.f. 인사, 유력인사
 cf. hautes personnalités 유력인사
monde politique n.m. 정치계
remettre un prix à qn ~에게 상을 수여하다
récompenser qn ~에게 보상하다

## Part I

(1~4) 다음 대화문의 빈칸에 들어갈 가장 적절한 표현을 고르시오.

### 01

A : Comment tu trouves ma cravate ?
B : Pas terrible. Pourquoi tu ne portes pas celle que je t'ai __________ ?

(a) offert
(b) offerts
(c) offerte
(d) offertes

**해설** 직접목적보어가 « avoir+pp(과거분사) » 앞에 나타나는 경우 과거분사가 직접목적보어의 성과 수에 일치한다는 문법사항을 묻는 문제이다.

**번역** A : 내 넥타이 어때?
B : 별로야. 너 왜 내가 준 것은 안 해?

**참고** cravate n.f. 넥타이
pas terrible 별로이다
porter 착용하다
offrir 주다, 제공하다

## 02

A : Tu connais bien Tokyo ?

B : Oui, j'y ai vécu _______ j'étais petit.

(a) si

(b) que

(c) comme

(d) lorsque

**해설**

'시간' 관련 접속사 « lorsque »의 용법을 묻는 문제이다. 일반적으로 « si »는 '조건', « comme »는 '이유'를 나타내는 종속절을 도입하는 접속사이고, « que »는 보문절을 도입하는 접속사이다.

**번역**

A : 너 도쿄 잘 알아?(가 봤어?)

B : 응, 나 어렸을 때 거기서 살았어.

**참고**

connaître 알다, (직접) 겪다

vivre 살다

## 03

A : Quand pensez-vous finir ce rapport ?
B : Je pense que ______________ ce soir.

(a) je terminais
(b) je terminerais
(c) j'avais terminé
(d) j'aurai terminé

**해설)** 전미래 용법을 묻는 문제이다. 전미래는 미래의 한 기점을 기준으로 그때까지는 완료될 사건을 나타낸다.

**번역)** A : 그 보고서 언제 끝낼 것 같으세요?
B : 오늘 저녁까지는 끝낼 것 같습니다.

**참고)** finir 끝마치다
rapport n.m. 보고서
terminer 끝내다

## 04

A : Moi, j'ai trente-deux ans.

B : Vous êtes ________ plus âgée que vos auditeurs, alors ?

(a) très

(b) moins

(c) autant

(d) à peine

**해설**

비교급을 수식할 수 있는 부사에 대한 질문이다. 비교급 수식에는 주로 « encore », « beaucoup »가 쓰이고 « très »는 쓰일 수 없다. 한편, « moins »과 « autant »은 그 자체가 비교급에 쓰인다. « à peine »는 '겨우, 가까스로, 거의'의 의미를 갖는다.

**번역**

A : 저는 서른두 살입니다.

B : 그럼, 당신 청중들이 당신과 거의 같은 나이겠네요?

**참고**

avoir+수형용사+ans ~살이다

âgé a. 나이가 든

auditeur n.m. 청중

alors 그러면, 그렇다면

(5~8) 다음 문장의 빈칸에 들어갈 가장 적절한 표현을 고르시오.

## 05

Dis-moi ____________ tu penses.

(a) quoi
(b) à quoi
(c) de quoi
(d) comment

**해설**

간접타동사 « penser à »의 용법과 강세형 의문대명사 « quoi », 그리고 간접의문문 형태에 대한 이해를 복합적으로 묻는 문제이다. « penser à » 다음의 목적어 '무엇' 또는 '누구'가 대명사일 경우 이 대명사는 강세형으로 나타난다. 따라서 « que »의 강세형 « quoi »가 바른 표현이다. 또한, 간접의문문에서 의문사와 결합하는 전치사는 의문사와 함께 종속절 앞에 위치한다.

**번역**

네가 무슨 생각 하는지 말해줘.

**참고**

dire à qn que+P ~에게 ~라고 말하다
penser à qn/qc ~을 생각하다
comment 어떻게

## 06

Certains aiment le café, ____________ préfèrent le thé.

(a) d'autres
(b) plusieurs
(c) les autres
(d) personnes

**해설** 부정대명사 « certains »과 « d'autres »가 포함된 표현에 대한 이해를 묻는 문제이다. '어떤 사람들은 ~하고, 다른 사람들은 ~하다'라는 표현이다. 이때, « d'autres »는 기준집단의 범위가 한정되지 않았을 때 사용되며, 그 점에서 « les autres »와 대비된다.

**번역** 어떤 이들은 커피를 좋아하고, 다른 이들은 차를 더 좋아한다.

**참고** préférer X à Y Y보다 X를 더 좋아하다
thé n.m. 차

## 07

Elle nous a demandé des conseils et nous ____________ avons donné d'excellents.

(a) lui en
(b) en lui
(c) les lui
(d) lui les

**해설)** 대명사의 용법과 결합 시 위치를 묻는 문제이다. « des conseils »가 부정관사를 포함하고 있으므로 이를 받는 대명사는 « en »이다. 또한, 이것이 간접목적보어 3인칭 단수형 대명사와 결합할 경우 그 뒤에 나타난다.

**번역)** 그녀는 우리들에게 조언을 구했고 우리는 그녀에게 아주 훌륭한 조언을 했다.

**참고)** demander qc à qn ~에게 ~을 요구하다, 부탁하다
conseil n.m. 충고, 조언

## 08

__________ admise, elle nous posera beaucoup de problèmes.

(a) Pour
(b) Etre
(c) Une fois
(d) Quand elle

**해설** 분사구문의 형태로 굳어진 표현 « une fois admise »에 대한 이해를 묻는 문제이다.

**번역** 일단 받아들여지면, 그녀는 우리들에게 많은 문제를 야기할 것이다.

**참고** une fois+과거분사 일단 ~하고 나서/나자
admettre 받아들이다
poser des problèmes à qn ~에게 ~문제를 야기하다

(9) 다음 대화에서 어법상 틀리거나 어색한 부분을 고르시오.

## 09

(a) A : Vous aviez quel âge sur cette photo ?
(b) B : Là ? Ah, j'étais jeune, j'avais ton âge.
(c) A : Et qu'est-ce que vous avez fait ?
(d) B : J'allais à l'école, comme toi.

**해설**

반과거 용법에 대한 이해를 묻는 문제이다. 대화의 내용상 시점이 과거로 옮아가서 그때 무슨 일을 하고 있었는지를 묻고 있다. 따라서 (c)의 복합과거 형태 « avez fait »는 반과거 형태 « faisiez »로 바뀌어야 한다.

**번역**

A : 이 사진 당신 몇 살 때셨어요?
B : 그때? 아, 젊을 때였지. 네 나이였어.
A : 그럼 (그때) 뭐 하셨어요?
B : 학교 다녔지, 너처럼.

**참고**

photo n.f. 사진
comme toi 너처럼

(10) 다음 글에서 어법상 틀리거나 어색한 부분을 고르시오.

## 10

(a) De nos jours, l'opinion publique est très sensible aux problèmes de l'environnement. (b) Le recyclage des ordures ménagères est devenu une préoccupation croissante du public. (c) C'est la raison que les entreprises souhaitent donner une image écologique de leurs produits. (d) Dans ce but, elles lancent parfois des campagnes de publicité à la télévision.

**해설)** « c'est la raison pour laquelle ~ »의 표현에 대한 이해를 묻는 문제이다.

**번역)** 요즘, 여론은 환경문제에 아주 민감하다. 가정(생활) 쓰레기의 재활용은 점점 증대되는 공공의 관심사가 되었다. 이런 이유로 기업들은 (소비자들에게) 자사 제품의 환경친화적 이미지를 주기를 원한다. 이런 목적으로 기업들은 종종 TV에서 광고 캠페인을 벌인다.

**참고)**

de nos jours 요즘
opinion n.f. 의견
    cf. opinion publique 여론
sensible à qc a. ~에 민감하다, 예민하다
recyclage n.m. 재활용
ordures ménagères n.f. 가정 쓰레기
préoccupation n.f. 걱정거리
croissant a. 증가하는, 점점 커지는
écologique a. 환경친화적
dans ce but 이런 목적에서
lancer une campagne 캠페인을 벌이다

## Part II

(11~15) 다음 대화문의 빈칸에 들어갈 가장 적절한 표현을 고르시오.

### 11

A : J'en ai marre de mon boulot ! Je voudrais faire autre chose !
B : Vraiment ? Tu comptes ________________ ?

(a) employer
(b) licencier
(c) débaucher
(d) démissionner

**해설** « compter+inf »는 '~할 생각이다'에 해당되는 표현으로서 대화 내용상 '사직하다'의 의미 « démissionner »가 답이 된다. (a)는 '고용하다', (b)와 (c)는 '해고하다'의 의미이다.

**번역** A : 난 내 일이 정말 지겨워! 다른 것 좀 했으면 해!
B : 정말? 너 사표 낼 거야?

**참고** en avoir marre de qn/qc ~에 물리다, 지긋지긋해하다
compter+inf ~할 예정이다
employer 고용하다
licencier 해고하다
débaucher 해고하다
démissionner 사직하다

## 12

A : Quand est-ce que tu déménages ?

B : ___________ deux semaines.

(a) Il y a

(b) Après

(c) Dans

(d) Derrière

**해설** « dans+시간표현 » '~이 지난 후에'에 대한 문제이다. (b)의 « après » 도 '~이후에'라는 뜻을 가지기는 하지만, « 시간표현+après+기준사건 »의 형태로 나타나서 '기준사건 이후 ~가 지난 후에'의 뜻으로 쓰인다. (a)의 « il y a »는 « il y a+시간표현 » '~전에'의 의미이며 (d)는 공간적 개념으로 '~의 뒤쪽에'라는 의미이다.

**번역** A : 너 언제 이사하니?

B : 2주일 후에.

**참고** déménager 이사하다

il y a (+시간표현) ~ 전에

cf. il y a deux jours 이틀 전에

dans (+시간표현) ~후에

cf. dans deux jours 이틀 후에

## 13

A : Et qu'est-ce que je dois faire ?
B : Tout d'abord, vous devriez ____________ ce formulaire, Madame.

(a) remplir
(b) questionner
(c) se faire
(d) vous mettre

**해설** '(양식에 따라) 서류를 작성하다'라는 의미의 표현 « remplir un formulaire »에 대한 이해를 묻는 문제이다.

**번역** A : 그럼 제가 뭘 해야 하나요?
B : 우선 이 서식을 채우셔야 할 거예요, 부인.

**참고** tout d'abord 우선
remplir 채우다
formulaire n.m. 서식
questionner 질문하다

## 14

A : Je voudrais faire une réservation pour deux personnes pour *Lorenzaccio*.
B : Je suis _________ mais il ne reste plus de places.

(a) navré
(b) outré
(c) énervé
(d) attristé

**해설** '죄송합니다, 유감입니다'의 뜻에 해당되는 « navré »에 대한 이해를 묻는다.

**번역** A : 로렌차치오로 두 사람 예약했으면 하는데요.
B : 죄송합니다만 자리가 없습니다.

**참고** réservation n.f. 예약
faire une réservation 예약하다
navré a. 미안한
outré a. 격노한
énervé a. 화가 난
attristé a. 슬픈

## 15

A : Mince alors ! Patrick a évité mon piège, et en plus je me suis fait punir...
B : Hé ! Hé ! Tel est pris qui croyait ____________ !

(a) gagner
(b) perdre
(c) prendre
(d) l'être

**해설**

'제가 판 함정에 제가 빠지다'라는 뜻의 표현 « Tel est pris qui croyait prendre »에 대한 이해를 요구하는 문제이다.

**번역**

A : 에이 참! 파트릭이 내 함정을 피했어. 또 게다가 난 벌을 받았고….
B : 저런! 저런! 제가 판 함정에 제가 빠졌어!

**참고**

éviter 피하다
piège n.m. 함정, 계략
en plus 게다가
punir 벌하다
cf. se faire punir 벌받다
gagner 이기다, 얻다, 벌다
perdre 잃다, 잃어버리다

(16~20) 다음 글의 빈칸에 들어갈 가장 적절한 표현을 고르시오.

## 16

On sait bien que la politique ________ des conséquences sur leur vie.

(a) a
(b) court
(c) prend
(d) est

**해설**

'~에 영향을 미치다'라는 표현 « avoir des conséquences sur ~ »에 대한 이해를 요구하는 문제이다.

**번역**

정치가 그들의 삶에 영향을 미친다는 것을 우리는 잘 안다.

**참고**

politique n.f. 정치
vie n.f. 삶

**17**

Les Français sont de plus en plus ______________ à vouloir vivre en province.

(a) plusieurs
(b) suffisants
(c) beaucoup
(d) nombreux

**해설)** '(주어 중) 많은 사람들이 ~하다'라는 표현 « 주어 être nombreux à+inf »에 대한 이해를 요구하는 문제이다.

**번역)** 지방에서 살기를 원하는 프랑스인들이 점점 더 늘어나고 있다.

**참고)**
de plus en plus 점점 더
en province 지방에(서)
suffisant a. 충분한

## 18

Mon grand-père dispose d'une villa qui ________________ la mer.

(a) mène à
(b) donne sur
(c) compte sur
(d) se dirige vers

**해설** '~를 향해 있다(면하고 있다)'라는 표현 « donner sur ~ »에 대한 이해를 요구하는 문제이다. « mener à »는 '~에 이르다', « compter sur »는 '~를 믿고 기대하다', « se diriger vers »는 '~을 향해 나아가다'의 의미이다.

**번역** 내 할아버지는 바다가 바라다보이는 별장 하나를 갖고 있다.

**참고**
disposer de ~을 가지고 있다
mener à ~에 이르다
compter sur ~에 기대하다
se diriger vers ~을 향하다

## 19

Pour soutenir notre association, il vous ________________ d'envoyer vos dons à l'adresse suivante...

(a) faut
(b) suffit
(c) souhaite
(d) commande

**해설**

'~가 ~하는 것이면 충분하다'라는 뜻의 비인칭 구문 « il suffit à qn de+inf »에 대해 묻는 문제이다. 비슷한 유형의 표현인 « il faut à qn+inf »는 '~가 ~하는 것이 필요하다', '~가 ~해야 한다'라는 뜻으로 부정법 동사 앞에 전치사가 사용되지 않는 것이 다르다.

**번역**

우리 협회를 지원하시려면 다음 주소로 기부금을 보내주시면 되겠습니다.

**참고**

soutenir 지원하다, 지지하다
association n.f. 협회
envoyer 보내다
don n.m. 기부금
commander 주문하다

## 20

C'est _______________ pour être vrai, je n'arrive pas à croire que j'ai vraiment gagné ce tournoi !

(a) bien loin
(b) trop beau
(c) si magnifique
(d) tellement bien

**해설** '너무 ~해서 ~할 수 없다'라는 뜻의 표현 « être trop 형용사/부사 pour+inf »에 대한 이해를 요구하는 문제이다.

**번역** 사실이기에는 너무나 좋아서(너무 좋아 사실 같지가 않아서), 나는 내가 이 대회에서 진짜로 우승했다는 사실을 믿기가 어려웠다.

**참고** arriver à+inf ~하기에 이르다
gagner 이기다
tournoi n.m. 선수권 대회(토너먼트)

## Part III

(21~35) 다음 글을 읽고 빈칸에 들어갈 가장 알맞은 표현을 고르시오.

### 21

Le 14 février, c'est la fête des amoureux. Ce jour, qui n'a pas toujours ___________ en France, a maintenant un certain succès : les amoureux s'échangent des cartes ou des cadeaux.

(a) eu lieu
(b) bien fêté
(c) été célébré
(d) devenu populaire

**해설)** 우리의 발렌타인 데이에 해당하는 2월 14일 '연인의 날'에 대한 글이다. 제시문의 내용은 프랑스에서 과거에는 이날을 기념하지 않았다고 한다. '경축일, 기념일 등을 치르다'라는 표현은 « fêter/célébrer+명사(기념일/경축일) »이다. (a)의 « avoir lieu »는 « 명사(기념일/경축일)+avoir lieu+날짜표현 »을 구성하여 '~기념일이 몇 월 며칠이다'라는 뜻으로 쓰인다. (b)는 수동형이 아니라서 답이 될 수 없고, (d)의 « devenir »는 복합과거 시제일 때는 조동사 « être »와 결합하여야 한다.

**번역)** 2월 14일은 연인들의 축제일이다. 이날은 프랑스에서는 그렇게 기념되지 않았는데 지금은 일정한 성공을 거두고 있다. 즉 연인들이 카드나 선물을 서로 교환한다.

**참고)** amoureux n. 연인
avoir lieu 일어나다
fêter 경축하다, 축하하다, (명절 등을 목적어로 취하여) 치르다
célébrer (식, 미사 등을) 거행하다, (기념일 등을) 기념하다, 치르다

## 22

La semaine dernière, votre article sur le nouveau film de Besson m'a vraiment donné envie d'aller le voir. J'y suis donc allée ce week-end. Quelle _______________ ! J'ai trouvé que le scénario manquait vraiment d'originalité !

(a) chance
(b) déception
(c) originalité
(d) bonne surprise

**해설**

제시문은 영화에 대한 기사를 읽고 영화를 보러 갔으나 독창성이 없는 등 아주 실망했다는 내용이다. 이를 표현하기 위해 쓰인 감탄문 « 의문형용사+명사! »에 대한 이해를 묻는 문제이다. (d)의 경우 « bonne »가 없거나 대신 « mauvaise »가 쓰였다면 이 문맥에 쓸 수도 있지만, « bonne »가 있어서 적절한 표현이 될 수 없다.

**번역**

지난 주에, 베송 감독의 새 영화에 대한 당신의 기사가, 내게 정말이지 그 영화를 꼭 보러 가야겠다는 욕구를 심어주었습니다. 그래서 이번 주말에 그걸 보러 갔습니다. 얼마나 실망했던지! 시나리오가 정말로 독창성이 없다고 생각했어요.

**참고**

article n.m. 기사, 논문
envie n.f. 욕망, 욕구
donner envie à qn de+inf ~에게 ~할 욕망을 불러일으키다
manquer de ~이 부족하다
originalité n.f. 독창성
déception n.f. 실망

## 23

Il y a des gens qui sourient quand ils sont tristes. C'est étrange, n'est-ce pas ? Mais cela peut s'expliquer de deux façons. Soit ils ne veulent pas montrer leur détresse, soit ils essaient de lutter contre elle. Que ce soit l'une ou l'autre raison, elles sont _________ les deux appréciables.

(a) tous
(b) tout
(c) toute
(d) toutes

**해설)** 제시문의 내용은 슬플 때 웃는 이유 두 가지를 제시하고 이 두 이유가 모두 평가할 만하다는 것이다. « toutes les deux »는 주어를 명기하고 강조하는 기능을 하는 명사구로서 부정한정사 « toutes »는 « deux »가 지칭하는 명사 « raisons »의 성과 수에 따라 변화된 것이다.

**번역)** 슬플 때 웃는 사람들이 있습니다. 이상합니다, 그렇죠? 그런데 그건 두 가지 방법으로 설명될 수 있습니다. 어쩌면 슬픔을 드러내고 싶어하지 않는 것이거나 혹은 슬픔과 싸우려고 하는 것입니다. 이 이유가 둘 중 어느 것이건 간에, 이 두 이유는 모두 평가할 만한 것입니다.

**참고)**
sourire 웃다, 미소짓다
s'expliquer 설명되다
de deux façons 두 가지 방식으로
détresse n.f. 비탄, 고뇌
essayer de+inf ~하고자 애쓰다
lutter contre ~에 대항하여 싸우다
que ce soit X ou Y X든 Y든 간에(양보표현)
appréciable a. 평가할 만한, 칭찬할 만한

## 24

Savez-vous que les oiseaux peuvent compter des objets placés devant eux et en reconnaître la forme et la couleur ? Bien sûr, ils ne peuvent pas tous le faire, mais une chercheuse américaine a travaillé plusieurs années avec un perroquet gris qui avait appris à lui répondre dans un __________ correct.

(a) domaine
(b) parole
(c) anglais
(d) langue

**해설)** 제시문 내용을 정확히 이해했는지를 묻는 문제이다. 제시된 문장의 내용에 따르면, '정확한 영어로'라는 표현이 와야 한다. 일반적으로 '~ 언어로'는 « en+언어명 »으로 표현이 되나 언어명 명사가 형용사의 수식을 받을 경우에는 « dans+부정관사+언어명+형용사 » 형태로 표현된다.

**번역)** 여러분들은 새들이 자기들 앞에 놓인 사물들을 셀 수가 있고 그 모양과 색도 알아볼 수 있다는 것을 아시나요? 물론, 새들이 모두 그럴 수 있다는 것은 아닙니다. 하지만 한 미국 여성학자가 수년간 회색 앵무새를 가지고 연구를 했는데, 이 앵무새는 정확한 영어로 그녀에게 대답하는 것을 습득했습니다.

**참고)**
oiseau n.m. 새
compter 세다
reconnaître 인식하다
perroquet n.m. 앵무새
apprendre à+inf ~하는 것을 배우다

25

Les mesures annoncées aujourd'hui par le gouvernement seront-elles suffisantes pour réduire la mortalité sur les routes ? ______________ reste posée.

(a) La réponse
(b) La question
(c) L'affirmation
(d) La formule

**해설)** 제시문의 내용은 오늘 발표된 정부의 조치가 소기의 목적을 달성할 수 있을지에 관한 문제는 여전히 제기된 상태라는 것이다.

**번역)** 오늘 정부에 의해 발표된 조치들이 도로에서의 사망률을 감소시키기에 충분할 것인가? 이 질문은 여전히 남아 있다.

**참고)**
mesure n.f. 대책, 조치
suffisant a. 충분한
réduire 줄이다
mortalité n.f. 사망률

## 26

Perroquets, iguanes, tortues... Ceux qu'on appelle les NAC (Nouveaux Animaux de Compagnie) sont à la mode. Bien sûr, ils n'ont pas encore le même succès que les chats et les chiens, mais ils arrivent petit à petit en France où il y a des amateurs. Les chiffres le prouvent : il y aurait maintenant plus d'un million de reptiles dans les foyers français. Et vous ? Seriez-vous séduit par ________________________ ?

(a) un joli petit chat
(b) un vieux chien malade
(c) une bête sauvage d'appartement
(d) un animal domestique traditionnel

**해설**

제시문의 내용을 파악하는지를 묻는 질문이다. 제시문 내용은 야생동물을 애완동물로 키우는 가정들이 점점 늘어나는 프랑스의 상황을 설명하고 독자들에게 그럴 의향이 있는지를 묻는 것이다.

**번역**

앵무새, 이구아나(도마뱀), 거북이…. 우리가 NAC(신반려동물)라고 부르는 것들이 유행이다. 물론, 이들은 아직 고양이나 개와 같은 성공을 거두지는 못했지만, 조금씩 조금씩 애호가들이 있는 프랑스에 도착한다. 수치가 그것을 증명하는데, 즉 현재 프랑스 가정 내에 백만 이상의 파충류들이 있는 것으로 보인다. 여러분은 어떤가? 아파트의 야생동물에게 마음이 끌리겠는가?

**참고**

iguane n.m. 이구아나(도마뱀의 일종)
tortue n.f. 거북이
être à la mode 유행하다
petit à petit 조금씩
chiffre n.m. 숫자, 수치
prouver 증명하다
reptile n.m. 파충류
foyer n.m. 가정
séduire 매료시키다, 유혹하다
bête sauvage n.f. 야생동물

## 27

J'ai le regret de vous informer que je ne pourrai pas venir jeudi, comme cela avait été convenu. Si cela est possible, j'aimerais ____________ notre rendez-vous au jeudi suivant.

(a) annuler
(b) avancer
(c) reporter
(d) prendre

**해설**

제시문 내용을 이해하는지 묻는 질문이다. 제시문은 예정과 달리 약속에 갈 수 없게 되어 이를 연기했으면 하는 내용이다. « annuler »와 « avancer », « prendre »는 목적어로 '약속' 관련 명사를 취하면 각각 '취소하다'와 '앞당기다', '잡다'를 뜻한다.

**번역**

예정되었던 것처럼 목요일에 방문하지 못하게 되었음을 알려드리게 되어 유감스럽습니다. 가능하다면, 우리 약속을 다음 목요일로 연기했으면 합니다.

**참고**

regret n.m. 유감
avoir le regret de+inf ~해서 유감이다, 유감스럽게도 ~하다
informer qn que+P ~에게 ~을 알리다
comme cela avait été convenu 합의되었던 것처럼, 이야기되었던 것처럼
convenir de qc ~에 합의하다(주어는 복수)

## 28

Campagnes à la télévision, sanctions plus dures, policiers plus nombreux : autant de mesures préventives ______________. Les accidents de la route ne diminuent guère. Et aujourd'hui la prévention routière a épuisé toutes ses idées...

(a) utiles
(b) vaines
(c) souhaitables
(d) dangereuses

**해설** 수많은 다양한 조치에도 불구하고 교통사고는 줄지 않는다는 내용을 표현하는 방식을 묻는 질문이다.

**번역** 텔레비전에서의 홍보(캠페인), 훨씬 강화된 검열, 증원된 경찰 등 수많은 예방조치가 무용하다. 교통사고는 줄지 않는다. 그리고 오늘날 교통 안전책은 모든 아이디어를 소진했다.…

**참고**
campagne n.f. 캠페인
sanction n.f. 처벌
dur a. 가혹한
mesures préventives 예방대책, 예방조치
diminuer 줄다
épuiser 고갈시키다
vain a. 헛된
souhaitable a. 바람직한

**29**

Le soleil va persister sur la côte atlantique, et on aura de belles éclaircies dans les Ardennes, le Jura et le Midi. Les températures devraient rester élevées jusqu'en début de semaine prochaine. _______________, dès ce week-end, il y aura des risques de grêle en altitude, alors évitez de faire des excursions en montagne.

(a) Donc
(b) Alors
(c) Cependant
(d) Par conséquent

**해설**

제시문의 논리를 정확히 파악하는지를 묻는 질문이다. 전반부의 내용과 후반부의 내용이 반전될 때 사용하는 접속사는 « cependant »이다. (a)와 (b), (d)는 모두 인과관계에 쓰이는 접속사이다.

**번역**

대서양 연안에는 햇살이 계속되겠습니다. 아르덴느, 쥐라, 남프랑스 지방에는 잠시 밝은 햇살이 비치겠습니다. 기온은 다음주 초까지 높겠습니다. 그렇지만, 이번 주말부터 고지대에서는 우박이 내릴 위험이 있으니 등산은 피하시기 바랍니다.

**참고**

persister 지속되다
côte n.f. 연안
atlantique a. 대서양의
éclaircie n.f. 잠시 비치는 햇살, 잠시 갬
température n.f. 기온
élevé a. 높은
en début de ~초에
risque n.m. 위험
grêle n.f. 우박
en altitude 고지대
éviter de+inf ~하기를 피하다

## 30

En quarante ans, l'attitude des Français face au sport a beaucoup changé. A la fin des années 60, ils étaient 28 % à faire du sport plus ou moins régulièrement alors qu'actuellement ils seraient 50 % à en pratiquer un ou plusieurs. Et trois sportifs sur cinq pratiqueraient ______________ deux sports.

(a) au plus
(b) de plus
(c) en moins
(d) au moins

**해설**

제시문의 내용과 논리의 흐름을 잘 파악하는지를 묻는 질문이다. 제시문 내용은 과거에 비해 최근에는 운동을 하는 프랑스인이 훨씬 많고 이들 중 5분의 3은 적어도 두 가지 이상의 운동을 한다는 내용이다. (a)는 '기껏해야', (b)는 '게다가', (c)는 '부족한'을 뜻한다.

**번역**

40년 동안에 스포츠에 대한 프랑스인들의 태도가 많이 변했다. 60년대 말에는 다소간 규칙적으로 운동을 하는 사람들이 28%였던 데 반해 현재에는 50%가 하나 혹은 여러 가지의 운동을 한다. 그리고 운동을 좋아하는 사람 5명 중 3명은 적어도 두 가지 이상의 운동을 한다.

**참고**

attitude n.f. 태도
face à ~에 대해서, ~에 대한
à la fin de ~의 끝에, ~의 마지막에
plus ou moins 다소간
alors que 반면에
actuellement ad. 현재(에)
pratiquer 수행하다, 하다
au plus 기껏해야, 고작
de plus 게다가
en moins 부족하게
au moins 적어도

## 31

Quand on n'a pas trop de connaissances dans certains domaines, on se fait vite des opinions qui s'avèrent complètement fausses. Par exemple, il y a beaucoup de gens qui pensent que, dans un pays où les femmes auraient en moyenne deux enfants, la population serait jeune. Mais ________________. Ce pays serait en voie de vieillissement.

(a) c'est vrai
(b) c'est exact
(c) ce n'est pas vrai
(d) ce n'est pas impossible

**해설** 제시문의 내용을 정확히 이해하는지를 묻는 문제이다.

**번역** 우리가 어떤 분야들에 대해서 아주 많은 지식을 갖고 있지 않을 때, 완전히 틀린 것으로 판명되는 견해들을 급하게 가지게 된다. 예컨대, 여성들이 평균 두 명의 아이를 가지는 나라에서는 구성원의 나이가 젊을 것이라고 생각하는 사람들이 많다. 하지만, 그것은 사실이 아니다. 그 나라가 노령화 중일 수도 있다.

**참고**
connaissance n.f. 지식
se faire des opinions 견해를 형성하다
s'avérer+형용사 ~하다고/으로 밝혀지다, 판명나다
en moyenne 평균
être en voie de ~중이다

32

Même si les Français passent en moyenne un peu plus de deux heures par jour devant leur poste de télé et même si beaucoup d'entre eux avouent qu'ils auraient ______________ à s'en passer, la télé est bien souvent la cible de toutes les critiques.

(a) du mal
(b) très envie
(c) l'intention
(d) bien l'air

해설) 텔레비전에 대한 프랑스인의 이중적인 태도에 대한 제시문 내용을 이해하는지를 묻는 문제이다. '~하기가 힘들다'라는 뜻의 « avoir du mal à+inf »와 '~없이 지내다'의 뜻인 « se passer de+inf »에 대한 이해가 요구된다.

번역) 프랑스인들이 평균적으로 매일 두 시간 이상씩 텔레비전 앞에서 시간을 보내고, 그들 중 많은 이들이 텔레비전 없이 지낼 수 없을 것이라고 고백하기는 하지만 텔레비전은 아주 종종 모든 비판의 표적이 된다.

참고)
poste de télé n.m. 텔레비전
plus de ~ 이상
même si 비록 ~일지라도
avouer que+P ~라고 고백하다
se passer de qc ~없이 지내다
cible n.f. 표적
avoir du mal à+inf ~하기가 어렵다
avoir envie de+inf ~하고 싶다
avoir l'intention de+inf ~할 의도가 있다, 계획이다
avoir l'air+형용사 ~한 것 같다

## 33

Voilà trois mois que j'ai entrepris de suivre un régime et je dois avouer que cela ne se passe pas sans difficulté. Un vrai parcours du combattant car, chaque jour, je redoute de craquer... En plus, je n'ai pas beaucoup perdu... ______________________ !

(a) C'est une belle récompense.
(b) Je suis fière de ce que j'ai accompli.
(c) Je commence vraiment à me décourager.
(d) On dirait que l'armée n'est pas faite pour moi.

**해설**

다이어트와 관련된 자신의 경험과 현재의 심정을 말하는 내용의 제시문을 이해하는지 묻는 문제이다.

**번역**

내가 다이어트를 시도한 지 3개월이 되었다. 그런데 난 그것이 어려움 없이 진행되지는 않았다는 점을 밝혀야 한다. 그것은 정말 투사의 여정이었다. 왜냐하면 매일 포기할까 봐 두려웠으니까…. 게다가 몸무게도 많이 줄지 않았고…. 난 정말 낙담하기 시작했다!

**참고**

Voilà(= il y a)+시간표현+que+P ~전에 ~을 하다
entrepris de+inf ~을 시도하다
avouer que+P ~라고 고백하다
régime n.m. 다이어트
cf. suivre un régime 다이어트를 하다
parcours n.m. 여정
redouter de+inf ~할까 두려워하다
craquer 포기하다

## 34

En 1960, il y avait en France 200 000 cafés. Il n'en reste plus aujourd'hui que 49 000. Pourtant, les Français considèrent toujours les bistrots comme un élément important de leur culture. Comment expliquer, ______________, la disparition de 6 000 établissements de ce type chaque année ?

(a) d'ailleurs
(b) alors
(c) comme ça
(d) mieux même

**해설)** 프랑스인들이 여전히 자기 문화의 중요한 요소라고 생각하는 카페가 급격히 줄어드는 현상에 대한 제시문의 내용을 이해하는지, 그리고 그 논리전개 방식을 이해하는지를 묻는 문제이다. '그렇다면'의 뜻을 지닌 « alors »의 용법에 대한 이해가 요구된다. « d'ailleurs »는 '덧붙이자면', « comme ça »는 '그렇게, 그렇게 함으로써'의 의미이다.

**번역)** 1960년에 프랑스에는 카페 20만 개가 있었다. 오늘날에는 4만 9천 개만이 남아 있다. 그렇지만, 프랑스인들은 여전히 비스트로(카페)를 자기들 문화의 중요한 한 요소로 생각한다. 그렇다면 매년 이 유형의 시설(상점) 6천 개가 사라지는 것을 어떻게 설명해야 하는가?

**참고)**
ne ~ plus que ~ ~만 ~하다
considérer X comme Y X를 Y로 간주하다, 생각하다
disparition n.f. 소멸, 사라짐
d'ailleurs 게다가
alors 그러면, 그렇다면
comme ça 그렇게

## 35

Pour beaucoup de personnes qui viennent de province, les Parisiens sont des gens fatigués et stressés. Cette impression est d'autant plus forte dans le métro. Or une récente enquête a démontré que les utilisateurs des transports en commun étaient plutôt ______________.

(a) agacés
(b) surpris
(c) embêtés
(d) détendus

**해설)** 일반적인 평가와는 달리 파리 사람들이 대중교통수단을 이용할 때 비교적 긴장이 풀린 상태라는 내용의 제시문을 이해하는지를 묻는 문제이다. '오히려, 비교적'의 뜻을 지닌 « plutôt »의 용법에 대한 이해가 요구된다.

**번역)** 많은 지방출신 사람들이 보기에 파리 사람들은 피곤해하고 스트레스를 받는 사람들이다. 이런 인상은 지하철에서 더욱더 강하다. 그러나 최근의 조사는 대중교통 이용자들이 비교적 긴장이 풀린 상태라는 것을 보여주었다.

**참고)**
d'autant plus+형용사 그만큼 더 ~하다
enquête n.f. 조사
démontrer que+P ~을 보여주다, 밝히다
agacé a. 짜증이 난
surpris a. 놀란
embêté a. 지겨워하는
détendu a. 긴장이 풀린

## Part IV

(36~50) 다음 글을 읽고 주어진 질문에 대한 가장 알맞은 답을 고르시오.

### 36

En quelques décennies, la durée du travail hebdomadaire a diminué, la durée de la vie après la retraite a augmenté : le temps libre est donc devenu plus important. Et les activités qu'on fait en temps libre ont pris une place nouvelle dans la société.

Q. De quoi parle le texte ?

(a) Des loisirs
(b) De la liberté
(c) De la retraite
(d) De la durée du travail

**해설)** 제시문은 노동시간의 감소와 이에 따른 여가시간의 증대 및 여가활동의 중요성에 대한 내용이다.

**번역)** 수십 년 동안에 주당 노동시간은 감소했고, 은퇴 후의 생존 기간은 증가했다. 따라서, 여가시간이 아주 중요해졌다. 그리고 사람들이 여가시간에 하는 활동들이 사회에서 새로운 자리를 차지하게 되었다.

**참고)** décennie n.f. 십 년간
hebdomadaire a. 주간(의)
prendre une place 자리를 잡다

## 37

Buster Martin... Ce nom ne vous dit rien ? C'est dommage, car le personnage est intéressant. Il a attendu d'avoir 101 ans pour courir son premier marathon et est devenu par conséquent le marathonien le plus âgé de l'histoire. Un bon exemple de la part de ce vieil Anglais en pleine forme ? Si l'on veut. Mais il faut savoir qu'il a fumé et bu de l'alcool quasiment toute sa vie...

Q. A votre avis, quel est le caractère de l'homme dont on parle ici ?

(a) discret et prudent
(b) timide et peureux
(c) actif et audacieux
(d) intelligent et inventif

**해설** 제시문은 101살에 생애 첫 마라톤을 뛴 노인에 대한 이야기이다.

**번역** Buster Martin, 이 이름이 생각나게 하는 것 없나요? 유감입니다. 왜냐하면, 이 인물은 아주 흥미롭기 때문입니다. 그는 101살이 되기를 기다려서 그의 첫 마라톤을 뛰었고, 그 결과 역사상 가장 나이든 마라토너가 되었습니다. 이 건강한 영국 노인이 좋은 보기가 될까요? 굳이 그렇다면요. 하지만 그가 거의 한평생 내내 담배를 피우고 술을 마셨다는 것을 아셔야 합니다.…

**참고**
dire qc à qn ~에게 뭔가 생각나게 하다
par conséquent 그 결과, 결과적으로
marathonien n.m. 마라토너
en pleine forme 원기왕성한, 건강한
quasiment 거의

## 38

J'ai 31 ans et suis de Bordeaux. Je suis grand, blond et très sportif. J'aime l'art, le cinéma et les sorties à la montagne ou à la mer. Si Juliette cherche encore son Roméo, c'est le moment ou jamais. Roméo, lui, cherche une Juliette qui est grande, jeune et jolie. Roméo pourra même emmener sa Juliette à Venise en voyage de noces si le destin le veut bien. Prendre contact par email sur : voilaromeo@montaigu.fr

Q. Trouvez la phrase qui ne correspond pas au texte.

(a) La personne qui passe l'annonce habite en Italie.
(b) « Roméo » préfère rencontrer une fille plutôt jeune.
(c) « Roméo » veut être contacté par courrier électronique.
(d) Il s'agit d'une petite annonce pour trouver l'âme sœur.

**해설** 제시문은 결혼까지도 생각하는 연인을 찾는 프랑스 보르도에 사는 한 남성의 공고문이다.

**번역** 저는 서른한 살이고 보르도 출신입니다. 키가 크고, 금발이며 운동을 아주 좋아합니다. 예술과 영화, 그리고 산이나 바다로 여행하는 것을 좋아합니다. 줄리엣이 여전히 로미오를 찾고 있다면, 지금이 유일한 기회입니다. 그 남자, 로미오는 키가 크고 젊고 예쁜 줄리엣을 찾습니다. 로미오는 운명이 그것을 원한다면, 신혼여행으로 그의 줄리엣을 베니스에 데려갈 수도 있습니다. 다음 이메일로 연락 바랍니다. voilaromeo@montaigu.fr

**참고**
le moment ou jamais 지금이 아니면 앞으로는 없을 기회
emmener qn à+장소 ~을 ~로 데려가다
voyage de noces n.m. 신혼여행
destin n.m. 운명
prendre contact 연락을 취하다

## 39

Des expériences réalisées sur des souris ont révélé qu'une utilisation quotidienne et prolongée du téléphone portable pourrait présenter non seulement des risques cancérigènes, mais encore des risques de stérilité accrus pour les hommes. Il faut vite prendre conscience de ces problèmes et les résoudre avant qu'il ne soit trop tard.

Q. Trouvez la phrase qui ne correspond pas au passage.

(a) Le portable peut être dangereux pour les hommes.
(b) Des souris ont été utilisées pour juger des risques du portable.
(c) On pourrait attraper le cancer en utilisant un téléphone portable.
(d) Utiliser son téléphone portable cinq heures par jour ne présente aucun risque.

**해설** 제시문은 쥐를 대상으로 한 실험에서 밝혀진 휴대전화의 위험성에 관한 것으로 장시간 사용시 암 발생 혹은 불임 위험이 높다는 내용이다.

**번역** 쥐를 대상으로 수행된 실험들이 일상적 휴대전화 사용과 장기간 사용이 암 유발 위험을 야기할 뿐만 아니라 남성들에게는 불임 위험을 증대시킬 수도 있다는 것을 밝혀냈다. 시급히 이러한 문제점들을 인식하고 너무 늦기 전에 이들 문제를 해결하도록 해야 한다.

**참고**
expérience n.f. 실험
révéler 드러내다, 밝히다
cancérigène a. 발암성의, 암 유발의
stérilité n.f. 불임
prendre conscience de qc ~을 인식하다
résoudre 해결하다

## 40

Ces dernières années, le télétravail — ou travail à distance — s'est beaucoup développé. Mais n'a-t-il que des avantages ? Certes, on perd moins de temps dans les transports, on n'est jamais en retard au bureau. Mais en revanche, la vie professionnelle se mêle de trop à la vie privée, et cela stresse généralement beaucoup les femmes qui font du télétravail.

Q. Trouvez la phrase qui correspond le mieux au texte.

(a) Le télétravail peut être stressant.
(b) Le télétravail protège la vie privée.
(c) Le télétravail n'a aucun inconvénient.
(d) Le télétravail pose seulement un problème d'emploi du temps.

**해설** 제시문은 재택근무와 관련한 것으로 그 이점과 문제점을 담고 있다.

**번역** 최근에 재택근무— 또는 원격(재택)근무 —가 많이 발전했다. 그런데, 그것이 이점만 있는 것일까? 물론 움직이는 데 시간을 덜 허비하고 사무실에 늦을 일이 결코 없다. 하지만, 반면에, 직장생활이 사생활과 너무 뒤섞이게 되고, 그것이 일반적으로 재택근무를 하는 많은 여성들에게 스트레스를 준다.

**참고**
à distance 원거리
se développer 발전하다
être en retard 늦다
en revanche 반면에,
se mêler à ~에 뒤섞이다
vie privée n.f. 사생활
inconvénient n.m. 불편한 점
emploi du temps n.m. 시간표, 일정표

# 41

Chers résidents, je vous adresse ce message pour solliciter votre coopération afin de maintenir un cadre de vie agréable dans l'immeuble. J'attire votre attention sur le tri des déchets. Je vous prie, à ce propos, de bien vouloir vous reporter de nouveau à la notice d'information affichée dans le hall d'entrée et d'en respecter les consignes. Merci.

Q. Quel problème est évoqué dans ce message ?

(a) On a volé des vélos dans le garage.
(b) Les fleurs à l'entrée du bâtiment ont été abîmées.
(c) Il y a un problème avec l'utilisation des différentes poubelles.
(d) Certains résidents ne respectent pas les consignes relatives au bruit.

**해설** 제시문은 건물 입주자들에게 쓰레기 분리 수거에 협조해줄 것을 요청하는 안내문이다.

**번역** 주민 여러분, 저는 우리 건물의 안락한 생활을 유지하기 위해 여러분의 협조를 얻고자 이 메시지를 보냅니다. 쓰레기 분리에 좀 더 관심을 부탁드립니다. 이와 관련하여 현관 홀에 게시된 안내문을 다시 한번 참조하시고 지침을 준수해 주시기를 당부드립니다. 감사합니다.

**참고**

résident n.m. 거주자
solliciter 요구하다, 간청하다
coopération n.f. 협조
afin de+inf ~하기 위해서
maintenir 유지하다
agréable a. 쾌적한
tri des déchets n.m. 쓰레기 분리
à ce propos 이와 관련하여
se reporter à qc ~을 참조하다
de nouveau 다시 한번
notice d'information n.f. 안내문
afficher 붙이다, 제시하다, (벽보 등으로) 알리다
consigne n.f. 지침, 지시사항

42

A partir de 1870, les Américains ont lutté contre le fait que les enfants travaillent. Mais avant cette date, les enfants des milieux populaires allaient à l'usine, et personne ne trouvait cela choquant. Loin de là. C'était profitable aux industriels et aux familles. Et c'était même légitime. On pensait que le travail donnait aux enfants le sens de la discipline, du devoir et de la responsabilité...

Q. Quel est le problème soulevé par le texte ?

(a) le travail des enfants
(b) le profit des industries
(c) le chômage des jeunes
(d) l'éducation des adolescents

해설 제시문은 아동노동과 관련된 내용이다.

번역 1870년부터 미국인들은 아동들이 일하는 것에 반대하여 투쟁해왔다. 그러나 이 시기 이전에는 서민 계층의 아이들은 공장에 다녔고, 아무도 이를 충격적으로 보지 않았다. 그와는 거리가 멀었다. 그것은 기업가들에나 가정들에 유익한 것이었다. 그리고 합법적이기까지 했다. 사람들은 노동이 아이들에게 생활규범이나 의무, 책임감 등에 대한 의식을 부여한다고 생각했다.

참고
à partir de ~부터
lutter contre qc ~에 대항하여 싸우다
milieu populaire n.m. 서민층
profitable à qn a. 유익한, 도움이 되는
légitime a. 적법한

# 43

Quelles sont les différences fondamentales entre un Français et un Japonais, entre un Mexicain et un Russe ? De par le monde, même si les cultures varient, chacun de nous peut facilement constater lors d'un voyage à l'étranger qu'il est possible de communiquer, de rire, de pleurer avec des individus de cultures, de couleurs, de langues différentes. Dans le fond, nous ne sommes pas si différents que ça.

Q. Trouvez la phrase qui correspond le mieux au texte.

(a) Toutes les cultures sont identiques.
(b) Les cultures sont différentes, mais pas les êtres humains.
(c) Quand on voyage à l'étranger, il est difficile de communiquer.
(d) Ce sont les différences culturelles qui rendent les voyages intéressants.

**해설** 제시문은 인간이 문화나 피부색, 언어의 차이에도 불구하고 근본적으로는 차이가 없다는 내용을 담고 있다.

**번역** 프랑스인과 일본인, 멕시코인과 러시아인 간의 근본적인 차이점들은 무엇일까? 세계 도처에서, 아무리 문화가 달라도, 우리 각각은 외국을 여행할 때 문화, 피부색, 언어가 다른 사람들과 소통하고 웃고 울 수 있음을 쉽게 확인할 수 있다. 근본적으로는 우리는 그렇게 다르지 않다.

**참고**
fondamental a. 근본적인
de par le monde 세계 도처에(서)
constater que+P ~을 목도하다
fond n.m. 근본, 본질

## 44

Après un voyage très fatigant, je suis enfin arrivée à Bruxelles. Les cours commencent dans une semaine. Je suis impatiente. En attendant, je vais me balader dans la ville et visiter quelques musées. Je vous embrasse.

Q. Pourquoi est-elle impatiente ?

(a) Car elle va voir des musées.
(b) Car elle voudrait se promener.
(c) Car elle part bientôt en voyage.
(d) Car elle souhaite aller en cours.

**해설)** 제시문은 한 여학생이 유학장소인 브뤼셀에 도착해서 일주일 후에 시작될 수업을 설레는 마음으로 기다리면서 쓴 편지 내용을 담고 있다.

**번역)** 아주 피곤한 여행 후에, 나는 마침내 브뤼셀에 도착했어. 수업은 일주일 후에 시작해. 나는 조바심이 나. 당장은 시내를 산책하고 몇몇 미술관을 방문할 거야. 안녕.

**참고)** fatigant a. 피곤한
impatient a. 조바심이 나는, 참을성이 없는

## 45

Parmi les nouvelles innovations techniques développées sur Internet, le P2P — modèle d'échange où chacun est à la fois client et serveur — permet une importante diffusion des vidéos militantes. C'est ainsi que de nombreuses vidéos circulent pour dénoncer les violences et les provocations policières subies par les manifestants.

Q. Trouvez la phrase qui correspond au texte.

(a) Le P2P sert à dénoncer les manifestants.
(b) Le P2P ne fonctionne que comme serveur.
(c) Le P2P est un bon outil d'échange d'informations.
(d) Le P2P empêche la libre circulation des vidéos militantes.

**해설** 제시문은 P2P의 발전에 따른 한 양상을 소개하는 내용을 담고 있다.

**번역** 인터넷 상에서 발전한 새로운 기술 혁신 중에서, P2P — 각자가 고객이자 서버관리자인 교환 모델 — 는 (사회)운동과 관련한 상당한 양의 동영상 보급을 가능하게 한다. 그리하여 많은 동영상들이 폭력이나 시위자들이 당한 경찰의 도발행위들을 고발하기 위해 유통된다.

**참고**
innovation n.f. 혁신
diffusion n.f. 보급, 파급
dénoncer 고발하다
subir 당하다, 겪다

## 46

La pollution automobile est un vrai problème. Pour tenter de le résoudre, des villes comme Paris essaient de développer des systèmes de transport alternatifs. Par exemple, avec la mise en place de locations de vélos. Mais Paris n'est pas la première à être active dans ce domaine ; en effet, à Amsterdam, c'est depuis les années 70 que la ville encourage l'utilisation de bicyclettes.

Q. Quelle est la phrase qui convient le mieux au texte ?

(a) Le vélo est trop peu développé à Paris.
(b) La bicyclette est un moyen de transport non polluant.
(c) La pollution automobile est un problème presque insoluble.
(d) Faire Paris-Amsterdam à vélo est un projet de voyage idéal.

**해설** 제시문은 오염방지를 위한 대체 교통수단으로서의 자전거에 대한 내용이다.

**번역** 자동차에 의한 오염은 정말 문제이다. 이를 해결하기 위해서, 파리 같은 도시들은 대체 교통수단 체계를 개발하고자 애쓴다. 예컨대, 자전거 대여제도의 시행과 함께 말이다. 그러나, 파리가 이 분야에서 제일 적극적인 도시는 아니다. 사실, 암스테르담에서는 시가 자전거 사용을 독려해온 것이 1970년대부터이다.

**참고**
pollution n.f. 오염
tenter de+inf ~을 시도하다
essayer de+inf ~하려고 애쓰다
alternatif a. 대체할 수 있는, 대안적인
mise en place n.f. 시행, 설치
location n.f. 대여
encourager 장려하다

## 47

76 % des jeunes déclarent aimer « Envoyé spécial ». Le succès de cette émission est dû à son rythme et à son contenu : des reportages courts aux thèmes variés. Pour ces jeunes, ce magazine se substitue au journal télévisé, parce qu'il traite les sujets plus en profondeur, et aux « news magazines » que les adultes achètent la veille du week-end.

Q. Pourquoi est-ce que l'émission « Envoyé spécial » a pu avoir un tel succès ?

(a) Parce que les jeunes aiment regarder des films.
(b) Parce qu'on n'a plus besoin d'acheter de journaux.
(c) Parce que les jeunes aiment les magazines littéraires.
(d) Parce que l'émission est bien adaptée au goût des jeunes.

**해설**

제시문은 프랑스 젊은이들의 인기를 끄는 방송 프로그램 « Envoyé spécial(특파원) »의 성공 요인에 대한 내용을 담고 있다.

**번역**

76%의 젊은이가 « Envoyé spécial »을 좋아한다고 말한다. 이 방송 프로그램의 성공은 그 리듬과 내용에 기인한다. 즉 다양한 주제의 짧은 보도 제작물이라는 것이다. 이 젊은이들에게는, 이 방송이 텔레비전 뉴스와 어른들이 주말 전날 구입하는 « news magazines »를 대신한다. 주제들을 보다 심층적으로 다루기 때문이다.

**참고**

déclarer 표명하다, 진술하다
succès n.m. 성공
dû à qc ~에 기인하는
se substituer à qc ~을 대체하다, 대신하다
journal télévisé n.m. TV 뉴스
en profondeur 심도있게

## 48

Ce type d'homme sait mieux que personne ce qui est bon pour les autres et ce qui leur est nuisible. Il passe d'ailleurs son temps à critiquer les habitudes des uns et des autres. Bien sûr, il ne fume pas, il ne boit pas, il n'a aucune gourmandise et il se permet donc de vous faire remarquer tous vos petits péchés.

Q. Comment pourrait-on appeler ce type d'homme ?

(a) L'ours
(b) Le radin
(c) Le moralisateur
(d) Le petit garçon

**해설)** 제시문은 남을 훈계하기 좋아하는 매정한 성격을 지닌 남자의 유형을 설명하는 내용이다.

**번역)** 이 유형의 남자는 다른 사람들에게 좋은 것과 해가 되는 것을 그 누구보다도 잘 안다. 게다가 그는 이 사람 저 사람의 습관을 비난하는 데 시간을 보낸다. 물론, 그는 담배를 피우지도 않고, 술을 마시지도 않고, 식탐도 없다. 그래서 당신의 조그만 잘못들 모두를 지적하는 것이다.

**참고)**
nuisible à qc/qn ~에 해로운
passer son temps à+inf ~하는 데 시간을 보내다
gourmandise n.f. 식탐
faire remarquer 지적하다, 알아차리게 하다
péché n.m. 죄, 과오

## 49

Par rapport aux habitants des autres pays de l'Union européenne, les Français sont ceux qui se marient le moins. Ce sont aussi ceux qui se marient le plus tard : 7 % des femmes seulement disent « oui » avant 21 ans, contre 36 % il y a vingt ans. Ce phénomène est dû en grande partie au très fort développement de l'union libre.

Q. Quelle serait la cause de la baisse de l'intérêt pour le mariage ?

(a) La popularisation du concubinage.
(b) La construction de l'Union européenne.
(c) La croissance économique de la France.
(d) Le vieillissement de la population française.

**해설** 제시문은 프랑스인이 결혼에 무관심한 현상과 그 원인이 동거와 같은 비제도적 결합의 발달에 기인한다는 설명을 담고 있다.

**번역** 유럽연합의 다른 나라 국민들과 비교해 볼 때, 프랑스인들은 가장 결혼을 안 하는 사람들이다. 또한 가장 늦게 결혼하는 사람들이기도 하다. 즉, 7%의 여성들만이 21세 이전에 결혼하는 것에 "예"라고 말하는데, 이는 20년 전 36%에 대비된다. 이러한 현상은 상당부분, 동거가 크게 늘어난 데 기인하는 것이다.

**참고**
par rapport à qc ~에 비교해서
phénomène n.m. 현상
en grande partie 대부분
union libre n.f. 동거(비제도적 결혼)

## 50

Le commerce équitable a pour objectif d'assurer aux producteurs des pays en voie de développement un juste revenu qui leur permettrait de vivre décemment des fruits de leur travail. En contrepartie, les travailleurs s'engagent à respecter l'environnement et les droits fondamentaux de la personne (pas de travail des enfants ou de travail forcé).

Q. D'après ce texte, quel est le but du commerce équitable ?

(a) Favoriser l'agriculture.
(b) Rendre l'économie plus humaine.
(c) Remédier à la faim dans le monde.
(d) Augmenter la productivité des pays pauvres.

**해설** 제시문은 공정교역의 목표에 대해서 설명하고 있다.

**번역** 공정교역은 개발도상국들의 생산자들에게 공정한 수입을 보장하는 것이 목표이다. 그 수입은 그들로 하여금 노동의 결실로 당당하게 살아갈 수 있도록 해준다. 그 대가로, 노동자들은 환경과 개인의 근본적인 권리(아동노동이나 강요된 노동을 하지 않을 권리)들을 존중하는 의무를 진다.

**참고**

équitable a. 공정한
avoir pour objectif de+inf ~하는 것을 목표로 하다
pays en voie de développement n.m. 개발도상국
assurer qc à qn ~에게 ~을 보장하다
juste a. 정당한
revenu n.m. 수입
permettre à qn de+inf ~에게 ~하는 것이 가능하게 하다
décemment ad. 단정하게, 예의바르게
en contrepartie 그 대신에, 그 대가로
s'engager à+inf ~하기로 약속하다
favoriser 우대하다, 혜택을 주다
rendre qc+형용사 ~을 ~하게 만들다
remédier à qc ~을 개선하다, 치유하다
productivité n.f. 생산성

# SET 2

청해

독해

## Part I

(1~15) 다음 문장을 듣고 자연스러운 대화를 이룰 수 있는 가장 적절한 응답을 고르시오.

### 01

H : Caroline, ton loyer est de combien ?
F : ______________________________

(a) La vie est injuste.
(b) Beaucoup moins gros que toi.
(c) Un peu plus de 600 euros par mois.
(d) C'est toujours mon copain qui paie au restaurant.

**해설** 상대방 집세가 얼마인지를 묻고 이에 대해 답하는 대화이다.

**번역** H : 카롤린, 네 집세가 얼마지?
F : 한 달에 600유로 조금 넘어.

**참고** loyer n.m. 집세
injuste a. 부당한, 불공정한
par mois 달마다, 매달
payer 지불하다

## 02

F : Au fait, où habitez-vous ?
H : ______________________________

(a) Les loyers sont chers...
(b) A Paris, dans le quartier chinois.
(c) Je veux acheter un plan de Paris.
(d) J'en ai assez de me perdre aussi souvent !

**해설**

상대방이 어디에 사는지를 묻고 이에 대해 답하는 대화이다. « Au fait »는 '참, 요컨대, 그런데' 등의 의미로 해석되며 간투사처럼 쓰였다.

**번역**

F : 그런데, 당신 어디 사세요?
H : 파리, 차이나타운요.

**참고**

quartier n.m. 거리, 구역, 동네
habiter 살다
plan n.m. 지도
se perdre 길을 잃다

## 03

H : Tu pourrais fermer la fenêtre ?
F : ____________________

(a) A 18 h, je crois.
(b) C'est déjà ouvert ?
(c) Pourquoi ? Tu as froid ?
(d) Non, je ne me tairai pas.

**해설** 창문을 닫아 달라고 완곡히 부탁하자 추워서 그러는지를 묻는 대화이다. « pourrais »는 « pouvoir »의 조건법 현재형으로 완곡한 표현을 위해 사용한다.

**번역** H : 창문 좀 닫아줄래?
F : 왜? 추워?

**참고**
fermer 닫다
fenêtre n.f. 창문
ouvert a. 열린, 열려 있는
avoir froid 춥다
se taire 입을 다물다, 말을 하지 않다

## 04

F : Vous avez l'heure, s'il vous plaît ?
H : ______________________

(a) Désolé, je n'ai pas le temps !
(b) Bien sûr... Il est midi et quart.
(c) Le train part à 9 heures trente.
(d) Certainement pas, mademoiselle.

**해설** 시간을 묻고 이에 답하는 대화이다.

**번역** F : 시간 좀 알려주시겠어요?
H : 물론이죠…. 12시 15분입니다.

**참고** avoir le temps (de+inf) ~할 시간이 있다
bien sûr 물론, 당연히
certainement ad. 물론
certainement pas 물론 안 되죠

## 05

H : Où est-ce que tu fais tes courses ?
F : ________________________________

(a) Je les fais le samedi.
(b) Dans un institut privé.
(c) En général, deux fois par semaine.
(d) Dans un supermarché près de chez moi.

**해설**

상대방이 어디서 장을 보는지를 묻고 이에 대해 답하는 대화이다. '장을 보다'라는 표현인 « faire des courses »는 구체적인 상황에서 « des » 대신에 주어와 일치하는 소유형용사가 쓰이기도 한다. [ex. Je dois partir maintenant pour faire mes courses.]

**번역**

H : 너 장은 어디서 보니?
F : 우리 집 근처 슈퍼마켓에서 봐.

**참고**

faire les courses 장을 보다
institut privé n.m. 사설학원
en général 일반적으로
deux fois par semaine 일주일에 두 번
près de ~ 가까이(에)

## 06

F : Bonjour monsieur, vous désirez ?
H : ___________________________

(a) Je veux bien, madame.
(b) Il m'en faudrait 3 paquets.
(c) Il faut que je parte tout de suite.
(d) Juste une baguette, s'il vous plaît.

**해설** 상점에서 이루어지는 대화이다. 점원이 손님에게 필요한 것이 있느냐고 묻고 손님이 이에 답한다.

**번역** F : 안녕하세요, 선생님. 뭘 찾으세요?
H : 바게트 빵 하나만요.

**참고** il faut qc à qn ~에게 ~이 필요하다
il faut que+P_접속법 ~해야 하다
juste ad. 다만, 오직, ~만
baguette n.f. 바게트 빵

## 07

H : Vous voulez autre chose avec ceci ?

F : ______________________

(a) Non merci, ce sera tout.

(b) Non, j'en suis contente.

(c) Oui, si vous n'en voulez pas.

(d) Mais non, ça coûtait trop cher.

**해설** 상점에서 이루어지는 대화이다. 점원이 손님에게 처음 주문한 것 외에 다른 것이 더 필요한지 묻는다. 단순히 « avec ceci ? »라고 묻기도 한다.

**번역** H : 이것 외에도 다른 것 더 필요하세요?

F : 아뇨, 고맙지만 그거면 다 되었어요.

**참고** content de qn/qc ~에 만족하다

ça coûte trop cher 너무 비싸다

cher a. 비싼

## 08

F : Comment ça, tu as raté ton examen ?

H : ______________________________

(a) Je regrette, mais c'est non.

(b) Faites comme vous voulez.

(c) En effet, je n'ai pas assez travaillé.

(d) Je pense que je vais avoir une bonne note.

**해설**

시험결과를 묻고 이에 답하는 대화이다. 경과를 듣고 난 후 그렇게 해서 시험을 망친 거냐고 책망하듯 묻자, 이에 변명처럼 답하는 내용이다. « rater »는 '놓치다, 망치다, 실패하다'의 뜻으로 « examen(시험) », « affaire(사업) », « vie(인생) » 등의 명사와 결합한다. 이때 이들 명사들은 주로 주어와 공지칭 관계에 있는 소유형용사의 한정을 받는다. [ex. Il a raté son examen.]

**번역**

F : 너 그렇게 해서 시험을 망친 거니?

H : 사실, 나 충분히 공부하질 못했어.

**참고**

rater ~을 놓치다, ~에 실패하다

regretter 후회하다, 유감으로 생각하다

comme vous voulez (당신이) 원하시는 대로

en effet 사실, 사실상 그렇다(순접관계)

assez ad. 충분히

note n.f. 점수

## 09

H : Ça ne te fait pas peur, l'avenir ?
F : ________________________________

(a) Non, beaucoup.
(b) Je ne vous entends pas.
(c) Non. Je suis plutôt optimiste.
(d) La science, c'est ça l'avenir de l'homme.

**해설** « N faire peur à qn »은 'N이 qn에게 두려움을 주다'라는 표현으로 « qn avoir peur de N » 'qn이 N을 두려워하다'라는 표현과 상관관계를 갖는다.

**번역** H : 너 앞날이 두렵지 않니?
F : 아니, 난 오히려 긍정적으로 봐.

**참고** avenir n.m. 미래
plutôt ad. 오히려, 어느 정도는
optimiste a. 낙관적인, 낙천적인
science n.f. 과학, 학문

## 10

F : Qu'est-ce que tu as fait de mes clés de voiture ?
H : ____________________

(a) Non, je ne les aime pas.
(b) Elles sont là, sur la table.
(c) Non, je suis venu en métro.
(d) Je crois qu'elle est en panne.

**해설**

« faire X de Y »는 'Y로 X를 만들다'라는 의미를 지닌 표현으로 여기서는 X가 의문의 초점이 된다.

**번역**

F : 너 내 자동차 열쇠 어떻게 했니?
H : 저기, 탁자 위에 있잖아.

**참고**

faire X de Y ~Y로 X를 만들다
ex. Qu'est-ce que je dois faire de toi ? 널 어떻게 해야 하니?
en métro 지하철로
cf. en train(bateau, avion) 기차(배, 비행기)로
être en panne 고장이다

## 11

H : Tu n'es plus malade ?
F : ____________________

(a) Je suis quasiment guérie.
(b) Mon médecin a mal aux dents.
(c) Tu devrais faire un peu de sport.
(d) Les pharmacies ferment trop tôt, n'est-ce pas ?

**해설** « ne ~ plus »는 '이제 더 이상 ~ 않다'라는 의미를 지닌 부정문을 만든다.

**번역** H : 이제 안 아파?
F : 거의 다 나았어.

**참고** malade a. 아픈
quasiment ad. 거의
avoir mal à (+정관사+신체부위 명사) ~이 아프다
dent n.f. 이, 치아
pharmacie n.f. 약국
tôt ad. 일찍

## 12

F : Bonjour... Je pourrais avoir une chambre, s'il vous plaît ?
H : ________________________

(a) Non, il en reste beaucoup.
(b) Bien sûr, elle est très jolie.
(c) Désolé, elle est trop petite.
(d) Oui. Ce serait pour quelle date ?

**해설)** 호텔에서 방을 구할 때 이루어지는 대화이다. « pourrais »는 « pouvoir »의 조건법 현재형으로 완곡한 표현을 위해 사용된다. « s'il vous plaît »는 '괜찮으시다면, 가능하다면' 정도의 뜻을 담은 표현으로 통상적으로 부탁이나 질문을 할 때 덧붙이는 것이 예의이다.

**번역)** F : 안녕하세요…. 방 하나 있을까요?
H : 네, 언제 쓰시게요?

**참고)** chambre n.f. 방(침대가 있는 방), 침실
il reste qc ~이 남아 있다
petit a. 작은
date n.f. 날짜
cf. pour quelle date (예약/예매를 위해) 언제로, 며칠로

## 13

H : Je me suis cassé la jambe en faisant du ski.

F : ______________________________

(a) Vraiment ? Oh là là, je te plains !

(b) Alors, tu n'as pas d'autres possibilités.

(c) Beaucoup de gens le ratent la première fois.

(d) Ça marchera beaucoup mieux, la prochaine fois.

**해설)** « se casser la jambe »는 '다리가 부러지다'의 의미이다. 일반적으로 신체부위 명사는 정관사와 결합한다. [ex. J'ai mal à la tête / Je me lave les mains]
« faire du ski »는 '스키를 타다'라는 의미로 여기서는 « en+동사의 현재분사 »인 제롱디프로 나타나서 '스키를 타다가'의 뜻이다.

**번역)** H : 나 스키 타다가 다리가 부러졌어.
F : 아휴 저런, 너 참 안됐다.

**참고)**
se casser (+정관사+신체부위 명사) ~가 부러지다
jambe n.f. 다리
vraiment ad. 정말(로)
plaindre qn/qc ~을 불쌍히 여기다, 동정하다
la première fois 처음(에)
la prochaine fois 다음(에)
prochain a. 다음(의)

## 14

F : Qu'est-ce que tu veux manger, ce soir ?
H : ______________________________

(a) Une vache, ce serait bien.
(b) Je n'en ai pas la moindre idée.
(c) Quelque chose qui serait près de la ville.
(d) Je ne pense pas que ce soit possible.

**해설**

저녁에 무엇을 먹고 싶냐는 질문과 그 대답으로 이루어진 대화이다. (b)의 « moindre »는 « petit »의 비교급 형태로 정관사나 소유형용사와 결합하여 최상급을 나타낸다. (b)의 « en »은 « de cela »에 해당되는 중성대명사로 '오늘 저녁 무엇을 먹을지에 대해서'라는 뜻을 담고 있다.

**번역**

F : 너 오늘 저녁에 뭐 먹을래?
H : 아무 생각 없어(모르겠는걸).

**참고**

vache n.f. 암소
idée n.f. 생각
près de ~ 가까이(에)
penser (que+P_직설법) ~라고 생각하다
cf. ne pas penser (que P_접속법) ~라고 생각하지 않다
possible a. 가능한

## 15

H : Alors ? Qu'est-ce que tu prends ?
F : ________________________________

(a) Non, je ne crois pas.
(b) Je vais rester chez moi.
(c) Moi ? En général, je ne comprends jamais rien.
(d) Je n'ai pas faim, choisis quelque chose à ma place.

**해설)** 식당에서 무엇을 시키겠느냐고 묻고 이에 답하는 대화이다. 문두의 « Alors ? »는 '자~, 그래'라는 정도의 뜻을 지닌 간투사로 해석된다. « prendre »는 '먹다, 마시다'의 의미로 해석된다. [ex. Je prends un café. 난 커피 마실래. / 난 커피 할래.]

**번역)** H : 자, 무엇으로 할래?
F : 나 배 안 고파, 내 대신 네가 뭐든 골라.

**참고)** croire (que+P) (~라고) 생각하다
rester 남다, 머물다
chez moi n. 우리 집
ad. 우리 집에(서)
comprendre 이해하다
ne jamais rien V 아무것도 V 못하다
avoir faim 배가 고프다
choisir 선택하다
quelque chose 무엇, 무언가(부정 대명사)
à ma place 내 대신에
cf. à la place de qn/qc ~을 대신해서

## Part II

(16~30) 다음 대화를 듣고 자연스러운 대화를 이룰 수 있는 가장 적절한 응답을 고르시오.

### 16

F : Tu es japonais, non ?
H : Oui, je viens du Japon.
F : Et pourquoi tu apprends le français ?
H : ______________________________

(a) Je l'apprends depuis deux ans, tu sais.
(b) Oui, j'adore l'Angleterre et ses villes.
(c) Non, je ne suis pas né en France comme toi.
(d) Pour parler avec ma petite amie qui est française.

**해설)** 국적을 묻고 이에 답하는 대화이다. « venir de + 국가명 »이 국적을 표현할 때는 « venir » 는 현재형을 쓴다.

**번역)**
F : 너 일본인이지, 안 그래?
H : 그래, 나 일본에서 왔어.
F : 그런데 왜 프랑스어를 배우니?
H : 프랑스인인 내 여자친구와 대화하려고.

**참고)**
japonais a. 일본의, 일본과 관련된
venir de (+국가명) ~에서 오다, ~ 국적이다, ~ 출신이다
apprendre 배우다
depuis ~이래로
parler 말하다
petite amie n.f. (사귀는) 여자친구

## 17

H : Votre nom s'il vous plaît ?
F : Françoise Bonnard, monsieur l'agent.
H : Vous avez été attaquée ce matin, c'est ça ?
F : ______________________________

(a) Il me semble qu'il était venu en mai.
(b) Oui, juste avant midi devant chez moi.
(c) Demain après-midi, à 14 heures.
(d) C'est ma voisine qui m'a téléphoné.

**해설** 경찰서에서 피해신고를 할 때 오가는 대화이다.

**번역**
H : 자, 성함은요?
F : 프랑수아즈 보나르예요, 형사님.
H : 오늘 아침 가해를 당하셨다구요?
F : 예, 정오 조금 전, 제 집 앞에서요.

**참고**
nom n.m. 이름
attaquer 공격하다
c'est ça ? 그렇죠?
il semble à qn que+P_직설법 ~에게 ~라고 생각되다
midi n.m. 정오
voisin(e) n. 이웃사람

## 18

F : Allô ?
H : C'est toi, Mathilde ?
F : Ah... je regrette, mais il n'y a pas de Mathilde ici...
H : ______________________________________

(a) Bon... ben... tant pis, je rappellerai plus tard.
(b) Excusez-moi ! J'ai dû me tromper de numéro !
(c) Est-ce que je pourrais lui laisser un message ?
(d) Vous pouvez lui dire que Jean-Baptiste a appelé ?

**해설**

잘못 걸려온 전화에 답하는 내용이다.

**번역**

F : 여보세요?
H : 마틸드, 너야?
F : 아⋯ 미안하지만, 여긴 마틸드라는 사람 없는데요⋯.
H : 죄송합니다! 전화번호가 틀렸나 보네요.

**참고**

Allô ? 여보세요?
tant pis 할 수 없군, 어쩔 수 없군
plus tard 나중에
se tromper de qc ~이 틀리다, 잘못되다
message n.m. 전갈, 메시지

## 19

H : Excusez-moi, madame, mais je crois qu'on se connaît...
F : Ah ? Et on s'est rencontrés où ?
H : Chez Paul Duval... Vous vous souvenez ?
F : ________________________________

(a) Ah oui ! Chez mon ami Paul ! Bien sûr !
(b) Paul ? Attendez, je vous le passe.
(c) Oui. Paul a des enfants très mignons.
(d) Oui, je m'appelle Paul Duval, et vous ?

**해설**

낯이 익은 사람에게 서로 만난 적이 있는지를 확인하는 대화이다. « on se connaît »는 '서로를 알다'라는 뜻으로 이때 « on »은 « nous »의 의미이다.

**번역**

H : 부인, 실례합니다만, 우리 서로 아는 사이 같은데요….
F : 그래요? 그럼 우리 어디서 만났죠?
H : 폴 뒤발 집에서요…. 기억나세요?
F : 아~예~! 제 친구 폴 집에서요! 물론이죠!

**참고**

se connaître 서로 알다
se rencontrer 서로 만나다
se souvenir (de qn/qc) ~을 기억하다
je vous le passe 전화 바꿔드릴게요

## 20

F : Editions « Belles Lettres », bonjour.
H : Bonjour madame, pourrais-je parler à l'éditeur ?
F : C'est de la part de qui ?
H : ______________________

(a) Je pars tout de suite.
(b) Oh, c'est une toute petite part.
(c) De Patrick Marchand.
(d) C'est dommage, il n'est pas là.

**해설** 사무실에서 전화를 받을 때 오가는 대화이다. 사무실에서 전화를 받을 때는 « 회사명, bonjour. »라고 하는 것이 일반적이다. « C'est de la part de qui ? »는 그대로 옮기면 '누가 (전화)하신 건가요?'라는 뜻으로 전화통화 시에는 '어디시죠?', '누구시죠?'에 해당된다.

**번역** F : 안녕하세요, '벨르 레트르' 출판사입니다.
H : 안녕하세요 부인, 편집장님과 통화할 수 있을까요?
F : 어디신데요?
H : 파트릭 마르샹이라고 합니다.

**참고** part n.f. 몫, 분량
dommage n.m. 유감스러운 일
cf. C'est dommage. 유감입니다.

## 21

H : Et qu'est-ce que vous prendrez comme boisson ? Du vin ?
F : Non, merci, je ne bois pas d'alcool.
H : Alors, de l'eau ? Une bouteille d'eau minérale ?
F : ______________________________

(a) Santé !
(b) Vous n'avez pas de bière ?
(c) Donnez-moi plutôt un jus d'orange.
(d) Je vous ai dit que je ne buvais pas d'alcool.

**해설**

식당에서 식사 주문을 받은 후 음료는 무엇으로 할지를 물을 때 오가는 대화이다. « je ne bois pas d'alcool »의 « de »는 « 부정의 de » 용법이다.

**번역**

H : 그리고 마실 건 어떤 것으로 하시겠어요? 포도주요?
F : 아뇨, 고맙습니다만 저 술 안 마셔요.
H : 그럼 물로 하실래요? 생수 한 병?
F : 그러지 말고, 오렌지 주스 하나 주세요.

**참고**

bouteille n.f. 병
  cf. une bouteille de ~ [조수사 용법] 한 병의 ~
jus d'orange n.m. 오렌지 주스
plutôt ad. 오히려, 차라리

## 22

F : Bonsoir, monsieur.
H : Bonsoir, un ticket pour 'Notre-Dame de Paris'.
F : Ah, désolée, c'est complet pour ce soir.
H : ______________________________

(a) Même avec ma carte bleue ?
(b) Très bien, ça commence à quelle heure ?
(c) Il n'y a pas de réduction pour les étudiants ?
(d) Alors, je peux réserver pour demain ?

**해설** 공연장 매표소에서 오가는 대화이다. « c'est complet »는 '만석입니다'의 뜻으로 '매진입니다'에 해당되는 표현이다.

**번역** F : 안녕하세요, 선생님.
H : 안녕하세요, '노트르담 드 파리' 표 하나 주세요.
F : 아, 죄송합니다. 오늘 저녁은 매진입니다.
H : 그럼, 내일 것으로 예약할 수 있나요?

**참고** ticket n.m. 표, 입장권
carte bleue n.f. 신용카드
commencer 시작하다
réduction n.f. 할인
cf. réduction étudiants n.f. 학생할인
réserver (pour ~) (~로) 예약하다

## 23

H : J'ai vraiment raté mon examen.
F : C'est pas grave, ça peut arriver à n'importe qui.
H : En plus, j'avais mal à la tête tout le temps !
F : ________________________________

(a) Bravo, mon chéri.
(b) Ça ira mieux la prochaine fois.
(c) Je n'ai jamais appris à nager, c'est dommage.
(d) Bon, c'est d'accord, mais juste cette fois.

**해설**

시험 후에 주고받는 대화이다. « rater mon examen »은 '시험을 망치다'란 표현으로 프랑스에서는 시험에서의 낙제를 의미한다. « n'importe qui »는 '어떤 사람이든, 누구든'이라는 표현으로 « n'importe+의문사 » 유형에 속한다. [cf. n'importe où (어디든), n'importe quand (언제든), n'importe quoi (무엇이든)]

**번역**

H : 나 시험 정말 망쳤어.
F : 괜찮아, 누구에게나 있을 수 있는 일이야.
H : 게다가, 내내 머리가 아팠어.
F : 다음 번에는 나아질 거야.

**참고**

grave a. 심각한, 문제가 되는
arriver (à qn) (~에게) 일어나다, 발생하다
n'importe qui 아무(나), 누구(나)
tout le temps 늘, 항상
apprendre (à+inf) (~하는 것을) 배우다

## 24

F : Il y a quelque chose d'intéressant ce soir à la télé ?
H : Aucune idée.
F : Tu n'as pas regardé le programme ?
H : ______________________________

(a) Je le regarderai demain.
(b) Non, je l'ai déjà vu, chérie.
(c) Je n'aime pas du tout aller au cinéma.
(d) Pas encore, je vais le faire maintenant.

**해설)** 저녁 무렵 TV 프로그램에 대해서 나누는 대화이다. « quelque chose d'intéressant »은 '재미있는 어떤 것', 즉 '뭐 재미난 것'에 해당되는 표현이다. 여기서 부정대명사와 이를 수식하는 형용사 사이에 de가 나타남에 주의하자. 이때 형용사는 성, 수 변화를 하지 않는다.

**번역)**
F : 오늘 저녁 텔레비전에서 뭐 재미난 것 하나?
H : 전혀 모르겠는데.
F : 프로그램 안 봤어?
H : 아직, 지금 볼게.

**참고)**
télé n.f. TV
aucune idée 몰라, 아무 생각도 없어
regarder 보다

## 25

H : Et toi, tu as des frères et des sœurs ?
F : Oui, chez moi, on est trois. J'ai un frère et une sœur.
H : Et qu'est-ce qu'ils font ?
F : ________________________________

(a) Oui, ils sont tous deux très grands.
(b) Phillipe est étudiant, Marion, secrétaire.
(c) Franchement, on ne s'entend pas très bien.
(d) Mon frère, il déteste l'informatique.

**해설)** 상대방의 가족상황에 대해서 질문하고 이에 답하는 내용이다.

**번역)** H : 너, 넌 형제가 있니 ?
F : 응, 우리 집엔 형제가 셋이야. 오빠(남동생) 하나와 언니(여동생) 하나.
H : 그럼 그들은 뭐 하니?
F : 필립은 대학생이고 마리옹은 비서야.

**참고)** secrétaire n. 비서
franchement ad. 솔직히
s'entendre bien 서로 잘 통하다
détester 싫어하다
informatique n.f. 컴퓨터공학, 정보과학

## 26

F : Tu fais quoi samedi soir ?
H : Ben, je n'ai rien de prévu. Pourquoi ?
F : Il y a une nouvelle boîte de jazz. Si tu veux, on peut y aller.
H : ________________________

(a) Ah oui, ça serait sympa.
(b) J'adore les fruits en boîte.
(c) Mais c'est quoi comme théâtre ?
(d) Mais tu n'as pas déjà ce disque ?

**해설**

주말 저녁에 함께 재즈 클럽에 갈 것을 제안하는 내용이다. « ne ~rien »은 '아무것도 ~하지 않다'의 의미이다. 또한 « prévu »가 부정대명사 « rien »을 수식하는 까닭에 이 둘 사이에 전치사 « de »가 나타난다. « Si tu veux »는 '원한다면, 괜찮으면'의 뜻으로 해석되는데, 어떤 제안을 할 때 상대방이 부담을 느끼지 않도록 하기 위해 덧붙이는 표현이다.

**번역**

F : 너 토요일 저녁에 뭐 할 거니?
H : 글쎄, 아무 계획 없어. 왜?
F : 재즈 클럽이 하나 새로 생겼어. 괜찮으면 같이 가자구.
H : 아 그래, 그거 괜찮겠어.

**참고**

prévu a. 예정된
boîte de jazz n.f. 재즈클럽
boîte n.f. 상자, 깡통
sympa (sympathique의 줄임) a. 호감이 가는, 쾌적한, 분위기가 좋은

## 27

H : C'est à cette heure-là que vous arrivez ?
F : Excusez-moi, c'est à cause de la grève... J'ai attendu le métro pendant trente minutes.
H : Mais enfin, vous pouviez partir plus tôt quand même !
F : ________________________________________

(a) Mais la grève est un droit !
(b) Et vous, est-ce que vous faites la grève ?
(c) Je vous promets que ça ne se reproduira pas.
(d) C'est vrai, on devrait instaurer le service minimum !

**해설)** 지하철 파업으로 늦게 도착한 상대방을 탓하고 상대방은 이에 변명과 사과를 하는 내용의 대화이다.

**번역)**
H : 당신 지금 이 시간에 도착하는 거예요?
F : 미안해요, 파업 때문에…. 제가 지하철을 30분 동안 기다렸어요.
H : 하지만 어쨌든, 그래도 좀 더 일찍 출발할 수도 있었잖아요!
F : 다시는 이런 일 안 일어나도록 약속할게요.

**참고)**
à cause de ~ 때문에
attendre 기다리다
promettre à qn que+P ~에게 ~라고 약속하다
instaurer 시행하다

## 28

F : Vous cherchez un emploi dans quel domaine ?

H : Dans l'informatique, je suis programmeur.

F : Et en ce qui concerne le salaire, quelles sont vos attentes ?

H : ________________________________

(a) Je ne peux pas attendre trop longtemps.

(b) Disons environ 3 000 euros mensuels.

(c) Je n'ai pas les moyens d'employer d'autres techniciens.

(d) Si possible, un emploi situé en région parisienne.

**해설** 고용안정센터에서 오가는 대화이다.

**번역**

F : 어떤 분야의 일자리를 찾으시죠?

H : 컴퓨터 분야요. 저 프로그래머예요.

F : 그럼, 월급은 어느 정도를 기대하세요?

H : 글쎄요, 대략 월 3,000유로 정도요.

**참고**

chercher 찾다, 구하다

emploi n.m. 일자리

en ce qui concerne qc ~와 관련하여

attente n.f. 기대하는 것, 기다림

disons 뭐랄까, 글쎄, 말하자면

mensuel a. 월간(의)

moyen n.m. 수단

employer 고용하다

## 29

H : Vous voulez louer une voiture ?
F : Oui, mais une petite.
H : Et pour combien de temps ?
F : ____________________________

(a) Pas plus de deux jours.
(b) Ça prend trois heures environ.
(c) Je suis libre mardi.
(d) Cette nuit, à trois heures du matin.

**해설** 렌터카 영업소에서 오가는 점원과 고객의 대화이다. « Pour combien de temps ? »은 '얼마 동안 (빌리시겠어요)?'의 의미로서 기간을 표시하기 위해 전치사 pour가 사용된 표현이다.

**번역** H : 자동차 렌트하시겠어요?
F : 예, 그런데 작은 것으로요.
H : 그럼, 얼마 동안요?
F : 이틀 이상은 아니에요.

**참고** louer 임차하다

## 30

F : Je voudrais quelques précisions sur l'appartement que vous louez.
H : Oui, bien sûr. Qu'est-ce que vous voulez savoir ?
F : Il est en bon état ?
H : ________________________________

(a) Oui, vous avez une station de métro !
(b) Oui, 450 euros par mois.
(c) Oui, il donne sur une petite cour très calme.
(d) Oui, mais il faudra peut-être refaire la salle de bain.

**해설** 세를 들 집을 찾는 사람이 집주인에게 집의 상태에 대해서 문의할 때 오가는 대화이다.

**번역** F : 댁이 세 놓으신 아파트에 대해 몇 가지 자세한 사항을 알고 싶은데요.
H : 예, 당연하죠. 무얼 알고 싶으세요?
F : 아파트 상태는 좋은가요?
H : 예, 하지만 욕실은 아마 다시 손을 보셔야 할 거예요.

**참고** précision n.f. 자세한 설명
être en bon état 상태가 좋다
cour n.f. 정원, 마당
calme a. 조용한
refaire 보수하다, 수선하다

## Part III

(31~40) 다음 대화를 잘 듣고 제시하는 질문에 대한 가장 적절한 응답을 고르시오.

### 31

F : Désolée, toutes les inscriptions aux cours sont terminées.
H : Comment ça, terminées ?
F : Votre dossier est arrivé après le 15 décembre.
H : D'accord, mais c'est pas de ma faute. C'est la poste, vous savez.
F : Euh, je ne peux rien faire pour vous.
H : S'il vous plaît, madame. Vous pourriez faire une exception, non ?

Q. De quoi s'agit-il ?

(a) d'une réservation de chambre
(b) d'une inscription à des cours
(c) d'une disparition de dossier
(d) d'une demande de poste

**해설** 우체국의 배달 지연으로 수강등록 기간을 넘긴 학생이 담당직원에게 선처를 부탁하는 내용의 대화이다.

**번역**
F : 유감입니다. 수강 등록은 모두 끝났어요.
H : 어떻게 된 거죠, 끝났다니요?
F : 당신 서류는 12월 15일 이후에 도착했어요.
H : 알아요, 하지만 그건 제 잘못이 아니에요. 있죠, 그건 우체국 때문이에요.
F : 에~, 제가 당신을 위해 할 수 있는 일이 아무것도 없네요.
H : 저기요, 부인. 한번 봐주실 수 없으시겠어요, 네?

**참고**
inscription n.f. 등록
terminer 끝내다
dossier n.m. 서류
faute n.f. 잘못, 실수
être de la faute de qn ~의 잘못이다
exception n.f. 예외 cf. faire une exception 예외를 만들다, 봐주다

## 32

H : Bonjour madame ! Que puis-je pour vous ?
F : Je voudrais me faire couper les cheveux.
H : Mi-longs ou courts ?
F : Qu'est-ce que vous me conseillez ?
H : Plutôt mi-longs.
F : D'accord, je suis votre conseil.

Q. Choisissez la phrase qui convient au texte.

(a) Elle garde les cheveux longs.
(b) Elle va avoir les cheveux courts.
(c) Elle va avoir les cheveux blonds.
(d) Elle va avoir les cheveux mi-longs.

**해설)** 미용실에서 미용사와 고객이 나누는 대화이다. « Que puis-je pour vous ? »는 상점에서 손님을 받을 때 쓰는 표현으로 '찾으시는 것 있으세요?'의 뜻이다. 이는 서비스 업종에서도 마찬가지로 사용되며 '뭘 도와드릴까요?' 정도의 의미이다. « Plutôt »는 '비교적'이란 뜻이고, « suis »는 « suivre » 동사의 직설법 현재 1인칭 단수형이다.

**번역)**

H : 안녕하세요, 부인! 머리하시게요?
F : 머리를 잘랐으면 하는데요.
H : 중간 길이로요 ? 아니면 짧게요?
F : 어떤 것이 좋겠어요?
H : 중간 길이가 좋겠어요.
F : 좋아요, 당신 충고를 따르죠.

**참고)**

couper les cheveux (de qn) (누구의) 머리를 자르다
se faire couper les cheveux (남을 시켜 자신의) 머리를 자르다
suivre 따르다, 좇다
conseil n.m. 충고, 제안

## 33

H : Tu as vu ton directeur aujourd'hui ?
F : Oui, oui, j'avais rendez-vous avec lui ce matin.
H : Qu'est-ce qu'il te voulait ?
F : Il avait une nouvelle à m'annoncer.
H : Bonne ou mauvaise ?
F : Je perds mon poste...

Q : Quelle est la nouvelle ?

(a) Elle va se marier.
(b) Elle est renvoyée.
(c) Elle va recevoir une promotion.
(d) Elle a trouvé un travail à la poste.

**해설** 회사에서 동료들 간에 오가는 대화이다. « Il avait une nouvelle à m'annoncer »는 « avoir N à+inf » 구문으로 '~할 N이 있다'의 의미이다.

**번역**
H : 너 오늘 사장 봤어?
F : 응, 그래, 오늘 아침 사장과 약속이 있었어.
H : 너한테 뭘 원하디?
F : 내게 알려줄 소식이 있었어.
H : 좋은 소식이었어? 아니면 나쁜 소식이었어?
F : 나 해고될 거야….

**참고**
nouvelle n.f. 소식
annoncer qc à qn ~에게 ~을 알리다, 공지하다
mauvais a. 나쁜
perdre 잃다, 잃어버리다
renvoyer qn ~를 해고하다
promotion n.f. 승진

## 34

H : Qu'est-ce que tu lis ?
F : Un article sur le chômage en France.
H : Et qu'est-ce que tu as appris ?
F : Eh bien, que ça a commencé dans les années 60...
H : Et maintenant, il y a combien de chômeurs ?
F : Plus de 2 millions.

Q. Quel est le thème de l'article ?

(a) La mode des années 60.
(b) Le chômage chez les Français.
(c) Le nombre de chômeurs en Asie.
(d) L'apprentissage des langues étrangères.

**해설** 프랑스의 실업에 대한 논문을 매개로 프랑스 실업에 관해 이야기하는 내용이다.

**번역**
H : 너 뭐 읽어?
F : 프랑스의 실업에 관한 논문.
H : 그래 뭘 알았니?
F : 글쎄, 그게 1960년대에 시작되었다는 거….
H : 그럼 지금은 실업자가 몇 명이야?
F : 2백만 명 이상이야.

**참고**
article n.m. 논문, 기사
chômage n.m. 실업
apprendre qc ~을 알다, 배우다
chômeur n.m. 실업자
apprentissage n.m. 학습

## 35

H : Allô, salut, Cécile.

F : Salut Thomas. Tu es où ?

H : Je suis à la sortie du métro Courcelles. Et maintenant qu'est-ce que je fais ?

F : Tu es au métro Courcelles ? Mais je t'avais dit de descendre à la station Monceau.

H : Ah bon ? Alors, je fais comment pour aller chez toi ?

F : C'est pas grave. Ecoute bien, Thomas...

Q. Quelle est la destination finale de Thomas ?

(a) La maison de Cécile
(b) La station de métro Monceau
(c) Le cinéma Gaumont
(d) La station de métro Courcelles

**해설)** 지하철 Monceau역 근처의 친구 집에 가려던 친구가 다른 역에 잘못 내린 후 친구와 통화하는 내용이다.

**번역)**
H : 여보세요, 안녕 세실.
F : 안녕, 토마. 너 어디야?
H : 지하철 쿠르셀 역 출구에 있어. 이제 나 어떡하면 되지?
F : 지하철 쿠르셀 역이라고? 아니, 내가 몽소 역에서 내리라고 했었잖아.
H : 아, 그랬니? 그럼, 네 집에 가려면 나 어떻게 해야 해?
F : 문제 없어. 잘 들어 토마….

**참고)**
sortie n.f. 출구
dire à qn de+inf ~에게 ~하라고 말하다
descendre 내리다
station n.f. 지하철역
cf. gare n.f. 기차역
arrêt n.m. 버스정류장

## 36

H : Mon fils passe trois heures par jour devant ses jeux vidéo...
F : Et tu n'aimes pas ça ?
H : Non, j'aimerais mieux qu'il fasse du sport ou de la musique.
F : Mais lui, s'il préfère ça, c'est sa vie, non ?
H : Oui... Mais ça ne me plaît pas. Je voudrais bien le voir un peu plus aussi.
F : Tu n'as qu'à jouer avec lui.

Q. L'homme se plaint de quoi ?

(a) De la mauvaise santé de son fils.
(b) Du désintérêt de son fils pour le football.
(c) Du goût de son fils pour les jeux vidéo.
(d) Des mauvaises notes de son fils en musique.

**해설**

하루 세 시간씩 비디오 게임을 하는 아들을 못마땅하게 여기는 남자가 이 문제로 동료와 이야기하는 내용이다. « fasse »는 « faire »동사의 접속법 현재형으로 주절동사가 « aimer »일 때 그 목적어 절의 동사는 접속법을 취한다. « n'avoir qu'à+inf »는 '~하기만 하면 된다'의 뜻을 지닌 표현이다.

**번역**

H : 내 아들은 매일 세 시간씩을 비디오 게임기 앞에서 보내….
F : 그래, 넌 그게 마음에 안 들어 ?
H : 물론이지, 난 걔가 운동이나 음악을 하는 것이 더 좋겠어.
F : 하지만 걔가 그게 좋다면야, 제 인생인데, 안 그래?
H : 그래…. 하지만 난 마음에 안 들어. 또 걜 좀 더 자주 봤으면 싶기도 하고.
F : 걔하고 놀아주면 되지.

**참고**

passer (+시간) 보내다
trois heures par jour 매일 세 시간(씩)
jeu vidéo n.m. 비디오 게임
préférer X (à Y) (Y보다) X를 더 좋아하다
plaire à qn ~의 마음에 들다
n'avoir qu'à+inf ~하기만 하면 되다, ~할 수밖에 없다
jouer 놀다
santé n.f. 건강
désintérêt n.m 무관심
goût n.m. 취미

## 37

F : Tu dois choisir ce que tu vas faire plus tard.
H : Oui, je sais maman, mais ce n'est pas si facile.
F : Qu'est-ce qui n'est pas facile ?
H : Eh bien, suivre des études, trouver du travail...
F : Mais tu voudrais faire quoi ?
H : J'aimerais devenir médecin ou avocat.

Q. Qu'est-ce qui inquiète la mère ?

(a) Le prix des études.
(b) L'avenir de son fils.
(c) La grève des médecins.
(d) Le chômage des jeunes.

**해설** 아들의 장래와 관련하여 엄마와 아들이 주고받는 대화이다. « suivre des études »는 '공부를 하다, 학업을 계속하다'의 뜻을 지닌 표현이다.

**번역**
F : 너 이 다음에 네가 뭘 할지를 결정해야 해.
H : 응, 알아 엄마, 하지만 쉽지 않아.
F : 뭐가 쉽지 않은데?
H : 음, 공부하는 것, 일자릴 찾는 것….
F : 그럼, 넌 뭘 했으면 하는데?
H : 의사나 변호사가 되었으면 해.

**참고**
choisir 선택하다, 정하다
suivre des études 학업을 계속하다
avocat n.m. 변호사

## 38

H : Dis-moi Sylvie, tu aimes la cuisine chinoise ?
F : Assez, pourquoi ?
H : Tu es libre samedi soir ? Je connais un excellent restaurant chinois.
F : En fait, ce week-end, je suis invitée au mariage d'une amie.
H : Ah... c'est une amie proche ?
F : Oui, c'est ma plus vieille amie.

Q. Trouvez la phrase qui correspond au dialogue.

(a) Sylvie va aller au mariage d'une amie.
(b) Sylvie n'aime pas la cuisine chinoise.
(c) L'amie de Sylvie est tombée malade.
(d) Sylvie refuse de se marier.

**해설)** 토요일 저녁에 실비를 중국 식당에 초대하려는 남성과 실비가 주고받는 대화이다.

**번역)**
H : 실비야, 있지, 너 중국 음식 좋아해?
F : 그런대로, 왜?
H : 토요일 저녁에 시간 있니? 내가 아주 좋은 중국 식당 하나를 알아.
F : 사실, 이번 주말에는 친구 결혼식에 초대 받았어.
H : 아… 친한 친구니?
F : 응, 내 가장 오랜 친구야.

**참고)**
cuisine n.f. 음식, 요리
chinois a. 중국의
inviter qn à qc ~을 ~에 초대하다
mariage n.m. 결혼, 결혼식
proche a. 가까운
tomber malade 병에 걸리다, 앓아 눕다
refuser de+inf ~하기를 거절하다

## 39

H : Et nous avons aussi ce superbe téléphone portable dernier cri.
F : Qu'est-ce qu'il a de particulier ?
H : Ecran tactile, visiophone et très beau design.
F : Il doit coûter cher ?
H : Cette semaine, il est en promotion à 300 euros. Une véritable affaire !
F : Je ne suis pas sûre... il est possible d'acheter à crédit ?

Q. Choisissez la phrase qui convient au dialogue.

(a) Le portable est un ancien modèle.
(b) La cliente ne s'intéresse pas au portable.
(c) Le portable n'est jamais en promotion.
(d) Normalement, ce portable coûte plus de 300 euros.

**해설** 휴대폰 매장에서 점원과 고객이 주고받는 대화이다.

**번역**
H : 에~ 또 우리는 이 멋진 최신형 휴대폰도 있습니다.
F : 그 휴대폰 특별한 것이 뭐가 있어요?
H : 터치스크린, 화상전화 그리고 아주 예쁜 디자인이죠.
F : 그거 비싸겠네요?
H : 이번 주에는 300유로로 판촉할인 중입니다. 정말 싸게 사시는 거죠!
F : 그런지는 잘 모르겠구요…. 신용할부로 살 수 있나요?

**참고**
téléphone portable n.m. 휴대전화
cri n.m. 사양, 형
cf. le dernier cri n.m. 최신형
écran n.m. 화면, 스크린
tactile a. 촉각의
écran tactile n.m. 터치스크린
visiophone n.m. 화상전화
crédit n.m. 신용
à crédit 외상으로, 신용할부로

## 40

F : Je vais avoir 30 ans la semaine prochaine...
H : Et alors ?
F : Je ne sais pas, mais ça me fait bizarre.
H : Pourquoi ?
F : J'ai l'impression que ma vie va changer.
H : A mon avis, tu ne devrais pas t'inquiéter.

Q. Comment est l'homme en fin de dialogue ?

(a) curieux (b) rassurant
(c) méchant (d) jaloux

**해설**

서른 살을 맞은 여성이 자신의 느낌을 동료와 이야기하는 내용이다. « ça me fait bizarre »는 '그것이 나를 이상하게 만든다'의 뜻으로 '그것 때문에 기분이 이상하다'로 해석된다.

**번역**

F : 나 다음 주에 서른 살이 돼….
H : 그래서 뭐?
F : 모르겠어. 하지만 그것 때문에 기분이 이상해.
H : 왜?
F : 내 인생이 달라질 것 같은 느낌이 들어.
H : 내 생각에, 걱정할 필요 없을 것 같은데.

**참고**

avoir 30 ans 서른 살이다
avis n.m. 의견, 견해
cf. à mon avis 내 견해로는
avoir l'impression que+P ~라는 느낌이다
inquiéter qn ~을 걱정하게 하다
s'inquiéter de qc/qn ~을 걱정하다
curieux a. 호기심이 있는
rassurant a. 안심을 시키는
jaloux a. 시기하는, 질투하는

## Part IV

(41~50) 다음 글을 듣고 제시하는 질문에 대한 가장 적절한 답을 고르시오.

### 41

Bonjour, je m'appelle Vincent. Mon problème ? Ben, voilà, j'ai 17 ans et je veux m'acheter une moto avec mes économies, mais mon père n'est pas du tout d'accord et il se fâche. Il dit que c'est trop dangereux.

Q. Qu'est-ce que Vincent veut faire ?

(a) Il veut sortir avec des copains plus souvent.
(b) Il veut partir à l'étranger pour étudier l'économie.
(c) Il veut s'acheter une motocyclette.
(d) Il veut discuter plus souvent avec ses parents.

**해설** 한 소년이 오토바이를 사고 싶어 하는데 아버지가 반대해서 생긴 고민을 토로하고 있다.

**번역** 안녕, 나는 뱅상이라고 해. 내 문제가 뭐냐고? 글쎄, 그래, 난 17살이고 내가 저축한 돈으로 오토바이를 사고 싶어. 그런데 우리 아버지는 동의하지 않고 화를 내셔. 너무 위험하다고 말씀하시네.

**참고**
moto n.f. 오토바이
être d'accord 동의하다
se fâcher 화내다
partir à l'étranger 외국으로 떠나다
discuter (avec qn) (~와) 이야기하다

## 42

Nous vous informons qu'un bar est situé dans la voiture numéro 5. Vous y trouverez des boissons froides et chaudes, ainsi que divers sandwichs. Nous vous rappelons également la présence de plusieurs distributeurs où vous sont proposées des barres chocolatées.

Q. Où est-ce qu'on peut entendre cette annonce ?

(a) Dans un café.
(b) Dans un train.
(c) Dans une boulangerie.
(d) Dans un grand magasin.

**해설** 기차에서 스낵바 차량을 운영하고 있음을 안내하는 내용이다.

**번역** 여러분께 5호 차에 스낵바가 운영되고 있음을 알려드립니다. 찬 음료와 따뜻한 음료, 그리고 여러 가지 샌드위치가 있습니다. 또한 초콜릿 과자를 사실 수 있는 자동판매기도 여러 대가 있음을 아울러 알려드립니다.

**참고**
informer qn que+P_직설법 ~에게 ~라는 것을 알리다
être situé 위치하다
voiture n.f. (기차 등의) 차량
rappeler qc à qn ~에게 ~을 환기시키다
ainsi que 또한
divers a. 다양한
distributeur n.m. 자동판매기
proposer qc à qn ~에게 ~을 제안하다

# 43

J'avais 16 ans et elle en avait 15. Elle s'appelait Leila, elle était marocaine. C'était la première fois de ma vie que je tombais amoureux. Elle était douce, gentille, elle avait de grands yeux bruns. J'étais fou d'elle.

Q. Trouvez la phrase qui correspond bien au texte.

(a) Leila et moi, on avait le même âge.
(b) Moi, j'étais marocain.
(c) Leila était mon premier amour.
(d) Leila avait les yeux bleus.

**해설**

16살 때 첫사랑을 경험한 한 남성이 그 상대였던 갈색 눈의 15살 모로코 소녀 레일라에 대해 이야기하고 있다.

**번역**

나는 16살이고 그녀는 15살이었어. 걔 이름은 레일라였고 모로코 애였어. 내가 사랑에 빠진 건 그때가 처음이었어. 그녀는 부드러웠고, 친절했고, 큰 갈색 눈을 가지고 있었어. 나는 그녀에게 미쳐 있었어.

**참고**

marocain a. 모로코인의, 모로코의
tomber amoureux 사랑에 빠지다
brun a. 갈색의
fou de qn/qc a. ~에 미친

## 44

Chers collègues, je vous présente Paul Dufort, notre nouveau collaborateur, qui remplacera Catherine Martin à la direction du service du personnel. M. Dufort a déjà occupé ce poste avec succès chez K2M et nous espérons profiter de son expérience pour renforcer notre équipe. Je compte sur vous pour l'aider et l'accueillir chaleureusement.

Q. De quoi Paul Dufort va-t-il s'occuper ?

(a) Du personnel.
(b) Du marketing.
(c) De l'accueil.
(d) De la publicité.

**해설** 한 회사에서 새롭게 인사부 책임을 맡게 될 사람을 소개하는 내용이다.

**번역** 친애하는 동료 여러분, 우리를 도와줄 새로운 분, 폴 뒤포르 씨를 소개합니다. 이 분은 카트린 마르탱 씨를 대신해서 인사부의 책임을 맡게 되십니다. 뒤포르 씨는 이미 K2M에서 동일한 직을 맡아 성공적으로 수행한 바가 있습니다. 우리 팀을 강화하는 데 그의 경험을 활용할 수 있기를 바랍니다. 저는 여러분들이 그를 돕고 또 열렬히 환영할 것이라 믿어 의심치 않습니다.

**참고**
présenter qn/qc à qn ~에게 ~을 소개하다
nouveau a. 새, 새로운
collaborateur n.m. 협력자
remplacer 대신하다
occuper 차지하다, 맡다
renforcer 강화하다
compter sur ~에 기대하다
accueillir 맞이하다
chaleureusement ad. 따뜻하게, 열렬히

## 45

Aujourd'hui, mardi 15 avril, temps très frais pour la saison. Températures très basses, pluie et vent sur tout le territoire. Le soleil ne devrait pas revenir avant le début de la semaine prochaine. Jusque-là, il faudra être patient, espérer que le printemps arrive enfin, et surtout ne pas oublier son parapluie.

Q. Choisissez la phrase qui correspond au texte.

(a) L'automne approche.
(b) Il ne fait vraiment pas beau.
(c) Il fera beau dès demain.
(d) Cette année, le printemps est en avance.

**해설** 일기예보에서 4월 중순임에도 쌀쌀하고 궂은 날씨가 한 주 이상 계속될 것임을 예고하고 있다.

**번역** 4월 15일 화요일인 오늘 날씨는 계절에 비해 아주 쌀쌀하겠습니다. 전국적으로 기온이 아주 낮고 비가 오고 바람이 불겠습니다. 내주 초 이전에는 해를 보실 수 없겠습니다. 그때까지는, 결국에는 봄이 오리라 믿고 참으셔야겠습니다. 특히 우산 잊지 마세요.

**참고**
frais a. 서늘한, 쌀쌀한, 시원한
température n.f. 기온
début n.m. 시작, 처음
jusque-là 그때까지
patient a. 참을성 있는
parapluie n.m. 우산
approcher 다가오다
en avance 미리, 일찍

46

Bonsoir à tous... Nous allons parler ce soir des adolescents et de leurs problèmes. En effet, l'adolescence est une période délicate, qui demande plus d'attention de la part des parents, des enseignants et plus généralement de la société. Tout le monde le sait, mais en réalité entre le savoir et savoir réagir, il y a une grande différence.

Q. A votre avis, de quel type d'émission s'agit-il ?

(a) d'un débat
(b) d'un téléfilm
(c) d'une émission de variétés
(d) d'un documentaire animalier

**해설** 방송의 토론 프로그램에서 행해지는 토론의 주제와 관련한 오프닝 멘트이다.

**번역** 여러분 안녕하십니까…. 오늘 저녁에는 청소년과 이들의 문제에 대해서 이야기하겠습니다. 사실, 청소년기는 아주 민감한 시기로 부모, 교사 그리고 보다 광범위하게는 사회의 보다 많은 관심을 필요로 합니다. 모두가 이를 알고 있습니다만, 사실, 이를 아는 것과 대처하는 방법을 아는 것 사이에는 아주 큰 차이가 있습니다.

**참고**

parler de ~에 대해 이야기하다
adolescent n. 청소년
adolescence n.f. 청소년기
délicat a. 민감한
attention n.f. 주의, 관심
en réalité 사실은, 사실상은 (역접관계)
différence n.f. 차이
débat n.m. 토론
téléfilm n.m. TV드라마
émission de variétés n.f. 예능 프로그램
animalier a. 동물의, 동물과 관련된

## 47

Et maintenant, examinons l'œuvre suivante. Comme vous le voyez, les couleurs sont flamboyantes, la composition baroque, les touches violentes et sensibles à la fois, le format excessivement grand, voire monumental, et le sujet représenté, « Napoléon en Egypte », s'y prête parfaitement. Il s'agit vraiment d'une toile très forte.

Q. Que décrit le professeur ?

(a) L'Egypte.
(b) Une peinture.
(c) Un monument.
(d) Une tapisserie.

**해설** '이집트의 나폴레옹'이라는 그림에 대해 설명하는 내용이다.

**번역** 그럼 이제 다음 작품을 살펴봅시다. 여러분이 보시듯이, 색상은 불타는 듯하고, 바로크식 구성에, 터치는 강렬하면서도 섬세하고 크기는 엄청나게 커서 가히 기념비적입니다. 그래서 '이집트의 나폴레옹'이라고 표현되는 주제에 완벽하게 들어맞습니다. 정말 아주 강렬한 그림입니다.

**참고**

examiner 검토하다, 살펴보다
suivant a. 다음(의)
baroque a. 바로크식의
(X et Y) à la fois 동시에 (X하고 Y한)
excessivement ad. 아주, 굉장히
se prêter à qc ~에 맞다, 적합하다
il s'agit de ~[= c'est ~] ~이다
œuvre n.f. 작품
flamboyant a. 불타는
touche n.f. 터치
format n.m. 크기, 포맷
monumental a. 기념비적인
parfaitement ad. 완벽하게
toile n.f. 그림, 유화

## 48

Moi, je voudrais juste dire un mot sur une tendance actuelle que je trouve dangereuse... En quelques années, nous sommes passés du culte de la minceur à celui de la maigreur. Il faut voir les mannequins à l'heure actuelle : 50 kilos pour 1,80 mètre. Il y en a une qui est morte, elle ne faisait plus que 40 kilos pour 1,77 mètre. Alors, mesdemoiselles : attention ! Voilà, c'était mon message.

Q. Quel est le but de ce texte ?

(a) Avertir des dangers d'être trop maigre.
(b) Vanter les tendances de la mode en Asie.
(c) Demander aux jeunes filles de s'habiller mieux.
(d) Critiquer la rapidité des changements de la mode.

**해설)** 날씬해지고 싶어하는 욕망이 정도를 넘어선 현 상황에 대한 우려와 그 위험에 대한 경고의 내용을 담고 있다.

**번역)** 저는 제가 위험하다고 생각하는 현재의 경향에 대해서 한마디만 했으면 합니다. 몇 년 만에 우리는 날씬함에 대한 숭배에서 야윔에 대한 숭배로 옮겨갔습니다. 지금의 모델들을 봐야 합니다. 1미터 80에 50킬로그램이에요. 모델 중에서 죽은 사람도 한 명 있는데, 그 모델은 1미터 77에 40킬로그램밖에 안 되었죠. 그러니 젊은 여성분들 조심하세요. 이상이 제 메시지였어요.

**참고)**
tendance n.f. 경향
actuel a. 현재의
culte n.m. 숭배
passer de X à Y X에서 Y로 넘어가다
mannequin n.m. 패션모델
à l'heure actuelle 현재에, 현재의

## 49

C'est super ! C'est une petite agence, onze employés au total, tout le monde est très sympa, on déjeune ensemble le midi, il y a vraiment une bonne ambiance. Il y a surtout deux collègues avec qui je m'entends bien, on se balade, on fait du sport, on va au bord de la mer...

Q. A quelle question est-ce que ce discours répond ?

(a) Il t'a plu, le film d'hier soir ?
(b) Et c'est comment, ton nouveau travail ?
(c) Tu la trouves comment, notre nouvelle directrice ?
(d) Tes voyages en Inde, ça s'est bien passé ?

**해설)** 자신의 직장 동료들과 직장 분위기에 대해 설명하고 있다.

**번역)** 아주 좋아! 조그만 사무실인데, 직원은 총 11명, 모두가 정말 좋은 사람들이야. 점심 때면 늘 함께 점심을 하고, 정말 좋은 분위기야. 특히 나랑 잘 통하는 동료가 두 명이 있어. 우린 함께 산책도 하고, 운동도 하고, 바닷가에도 가고 해.…

**참고)**
agence n.f. 회사, 상점, 가게
employé n.m. 직원, 피고용인
au total 모두 합해서
déjeuner 점심식사를 하다
ambiance n.f. 분위기
se balader 산책하다
au bord de ~ 가에, ~의 가장자리에

## 50

Notre dernier modèle présente des avantages considérables. Grâce à son écran révolutionnaire, sa taille et son poids ont été considérablement réduits. En effet, cet écran, en plus d'être tactile et de permettre ainsi de se passer d'un clavier standard, est également souple et pliable, une première mondiale pour un téléphone portable.

Q. Quelle est la caractéristique unique au monde de ce téléphone portable ?

(a) Il a un écran tactile.
(b) Il n'a pas de clavier.
(c) Il est léger et de petite taille.
(d) Il a un écran souple qui peut se plier.

**해설** 자사 휴대폰 최신 모델의 장점에 대해서 자랑스럽게 설명하고 있다. « une première mondiale »은 '세계 최초(의 일/성공)'라는 표현이다.

**번역** 우리 최신 모델은 상당히 큰 장점들이 있습니다. 혁명적인 스크린 덕에 크기와 무게가 상당히 줄어들었습니다. 사실 이 스크린은 터치방식으로 표준자판이 없어도 될 뿐 아니라 유연하고 접히기도 하는데, 이는 휴대폰에서는 세계 최초라 하겠습니다.

**참고**

avantage n.m. 장점, 이점
considérable a. 상당한
grâce à qn/qc ~덕분에, 덕에
révolutionnaire a. 혁명적인, 혁신적인
taille n.f. 크기
réduire 줄이다
en plus de ~외에도, ~은 물론이고
se passer de qc ~없이 지내다
clavier n.m. 자판
pliable a. 접히는, 접을 수 있는
se plier 접히다

## Part I

(1~4) 다음 대화문의 빈칸에 들어갈 가장 적절한 표현을 고르시오.

### 01

A : Tu sais __________ le général de Gaulle a dit « Français, je vous ai compris » ?
B : Oui, c'était en 1958, le 4 juin 1958 exactement.

(a) quand
(b) pourquoi
(c) comment
(d) à quelle occasion

**해설**

'시간' 관련 접속사 « quand »의 용법과 그것이 간접의문문 형태로 나타나는 경우에 대한 이해를 묻는 문제이다. 간접의문문은 의문문이 « savoir », « se demander » 등과 같은 동사의 목적어 자리에 나타나는 경우로서 의문사가 있는 간접의문문의 경우에는 해당 의문사가, 의문사가 없는 전체 의문문의 경우에는 « si »가 접속사의 자리에 나타나고 이후에는 « 주어+동사 »의 평서문 형태가 나타난다. « pourquoi »는 '이유', « comment »은 '방법', « à quelle occasion »은 '어떤 계기로'를 묻는 의문사(구)라 하겠는데, B가 말한 내용에 비추어 볼 때 시간을 묻는 의문사 « quand »이 적절하다.

**번역**

A : 너 드골 장군이 언제 "프랑스 국민 여러분, 여러분을 이해합니다"라고 말했는지 아니?
B : 응, 1958년, 정확히는 1958년 6월 4일이었어.

**참고**

comprendre 이해하다
exactement 정확히

## 02

A : Nous partons en Bretagne samedi prochain.
B : J'espère que vous __________ beau temps !

(a) avez
(b) ayez
(c) aurez
(d) avez eu

**해설**

« espérer » 다음에 나타나는 종속절에서의 서법 및 시제를 묻는 질문이다. 이 동사는 종속절에서 직설법을 취하고 대화내용에 비추어(samedi prochain) 시제는 미래가 적절하다.

**번역**

A : 우리 다음주 토요일에 브르타뉴로 떠나.
B : 날씨가 좋기를 바라.

**참고**

partir (en/pour) (~로) 떠나다
prochain a. 다음의

## 03

A : On s'installe où ?
B : Près de la fenêtre. Comme ça, on les __________ arriver.

(a) mettra
(b) pourra
(c) verra
(d) attendra

**해설**

목적보어의 속사로 부정법(inf)을 취할 수 있는 « voir » 동사의 속성과 관련된 문제이다. « voir »는 « voir+목적보어+속사(inf) » 구문을 구성할 수 있고, 이때 목적보어가 인칭대명사일 경우에 동사 앞으로 이동한다. « pouvoir »도 부정법과 결합할 수는 있지만 이때 부정법은 목적보어의 속사가 아니라 목적보어 기능을 한다.

**빈역**

A : 우리 이디 앉을까?
B : 창가에. 그렇게 하면, 걔들이 도착하는 것을 보게 될 거야.

**참고**

s'installer 자리 잡다, 정착하다
près de ~의 가까이, 근처에

## 04

A : Tu crois que Matthieu sera à la soirée ?
B : Franchement, je doute qu'il ___________.

(a) vient
(b) vienne
(c) viendra
(d) viendrait

**해설** « douter »가 취하는 종속절에서의 서법 및 시제를 묻는 문제이다. 이 동사는 종속절에서 접속법을 취하고 « venir » 동사의 접속법 현재 3인칭 단수의 형태는 « vienne »이다.

**번역** A : 마티유가 저녁파티에 올 거라고 생각해?
B : 솔직히, 걔가 올지 의심스러워.

**참고** croire que+P_직설법 ~라고 생각하다
franchement ad. 솔직히
douter que+P_접속법 ~가 의심스럽다

(5~8) 다음 문장의 빈칸에 들어갈 가장 적절한 표현을 고르시오.

## 05

Il avait brillamment réussi son examen ! L'élève était _________ heureux.

(a) si
(b) autant
(c) combien
(d) beaucoup

**해설** 형용사나 부사와 쓰여 정도의 강함을 나타내는 부사로서의 « si »의 용법을 묻는 문제이다.

**번역** 걔는 훌륭하게 시험에 합격했어! 학생은 아주 행복해했어.

**참고** brillamment ad. 훌륭히, 눈부시게
réussir son examen 시험에 합격하다

## 06

La proposition de loi __________ il a été question a soulevé une polémique.

(a) qu'
(b) qui
(c) dont
(d) sur laquelle

**해설** 전치사 « de »를 포함하는 관계대명사 « dont »과 « il est question de ~ » '~와 관련한 문제이다'라는 표현에 대한 이해를 묻는 문제이다.

**번역** 문제가 되는(해당) 법안이 논란을 일으켰다.

**참고** proposition de loi n.f. 법안
polémique n.f. 논쟁
cf. soulever une polémique 논쟁을 일으키다, 야기하다

**07** Je suis très timide, mais peu de gens _____ savent.

(a) y
(b) le
(c) la
(d) ça

**해설)** 중성대명사 « le »에 대한 이해를 묻는 문제이다. 문맥상 앞에 나오는 내용 전체를 지칭하거나, 형용사로 표현된 내용을 지칭할 때는 중성대명사 « le »가 사용된다.

**번역)** 난 아주 소극적인데(수줍음을 많이 타는데), 그걸 아는 사람들이 거의 없어.

**참고)** timide a. 소극적인, 수줍음이 많은

## 08

La nature __________-t-elle à la morale ?

(a) s'oppose
(b) se regarde
(c) oppose
(d) regarde

해설) « s'opposer à » '~에 대립하다'에 대한 이해를 묻는 문제이다.

번역) 자연(천성)은 도덕과 대립하는가?

참고) nature n.f. 자연
morale n.f. 도덕
s'opposer à ~에 대립하다

(9) 다음 대화에서 어법상 틀리거나 어색한 부분을 고르시오.

## 09

(a) A : Je voudrais lui demander si elle veut m'épouser...
(b) B : Et pourquoi tu ne le fais pas ?
(c) A : J'ai peur qu'elle dit non.
(d) B : Alors, tu préfères ne pas connaître sa réponse...

**해설**

« avoir peur » 다음에 오는 « que »절에서는 접속법이 사용된다. 따라서 (c)의 직설법 현재형 « dit »는 접속법 현재형 « dise »로 바꿔 써야 한다.

**번역**

A : 그녀에게 나와 결혼하고 싶으냐고 물었으면 해….
B : 그런데, 왜 안 해?
A : 그녀가 싫다고 말할까 봐 두려워.
B : 그러면 넌 답을 모르는 것이 더 낫다고 생각하는 거네….

**참고**

épouser qn ~와 결혼하다
avoir peur que+P_접속법 ~일까 겁이 나다
préférer X (à Y) (Y보다) X를 선호하다, 더 좋아하다
réponse n.f. 답변

(10) 다음 글에서 어법상 틀리거나 어색한 부분을 고르시오.

## 10

(a) Ce musée est le royaume de la copie. (b) On en trouve des stylos Big et des Lovi's 70. (c) Notre fromage national Vache qui Rit s'appelle Vache royale au Maroc et Joyeuse vache en Algérie. (d) 400 produits copiés sont présentés à côté des produits authentiques !

**해설)** 장소와 관련된 중성대명사 « y »의 용법에 대한 이해를 묻는 문제이다. (b)의 « en »은 문맥상 « dans ce musée »를 나타내므로 « y »로 바꿔 써야 한다.

**번역)** 이 미술관은 모조품의 왕국이다. 여기서는 Big 볼펜들이나 Lovi's 70들을 발견할 수 있다. 우리 나라 치즈인 Vache qui Rit는 모로코에서는 Vache royale로, 알제리에서는 Joyeuse Vache로 불린다. 400개의 모조품들이 원 제품들 옆에 전시된다.

**참고)**
copie n.f. 복사, 모조품
fromage n.m. 치즈
présenter 소개하다, 제시하다
à côté de ~의 옆에
authentique a. 진짜의, 실제의

## Part II

(11~15) 다음 대화문의 빈칸에 들어갈 가장 적절한 표현을 고르시오.

**11**

A : Tu mets combien de temps pour aller à la fac ?
B : Ça me ______________ une demi-heure.

(a) sert
(b) prend
(c) donne
(d) questionne

**해설** '누가 ~을 하는 데 얼마만큼의 시간이 걸리다'라는 표현에 대한 이해를 묻는 문제이다. 이 의미는 프랑스어에서 다음의 두 방식으로 표현된다. « 사람+mettre+시간표현 pour+inf », « 사건(행위)+prendre+사람+(단위시간표현) ».

**번역** A : 너 학교(대학)에 가는 데 얼마나 걸리니?
B : 30분 걸려.

**참고** fac n.f. 대학(faculté)
questionner 질문하다

## 12

A : Tu aurais pu me prévenir que tu serais une heure en retard !
B : Je sais, excuse-moi, je suis vraiment ______________.

(a) fâchée
(b) désolée
(c) adorable
(d) satisfaite

**해설)** '미안해'의 뜻을 갖는 표현 « désolé »에 대한 이해를 묻는 문제이다. « fâché »는 '화난', « adorable »은 '사랑스러운', « satisfait »는 '만족한'의 의미를 갖는다. 보기의 형용사는 모두 여성형임에 주목하자. 한편, « aurais pu+inf »는 조건법 과거 형태로 '~할 수도 있었을 텐데'로 해석되고 과거 사실에 대한 유감을 표현한다.

**번역)** A : 너 한 시간 늦을 거라고 내게 미리 알려줄 수도 있었잖아!
B : 알아, 이해해줘, 정말 미안해.

**참고)** prévenir qn que+P ~에게 ~라고 알리다
en retard 늦게

## 13

A : Quand on te parle de voyages, tu penses __________ ?
B : Pour moi, les voyages, c'est synonyme de mer calme, lunettes de soleil...

(a) comment
(b) pourquoi
(c) lequel
(d) à quoi

**해설**

간접타동사 « penser à »와 강세형 의문대명사 « quoi »에 대한 이해를 복합적으로 묻는 문제이다. « penser à »는 '무엇(누구)을 생각하다'라는 표현으로, 목적어 '무엇' 또는 '누구'가 대명사일 경우 이 대명사는 강세형으로 나타난다. 따라서 « que »의 강세형 « quoi »가 바른 표현이다.

**번역**

A : 누군가 네게 여행에 대해서 말하면 넌 무엇을 생각해?
B : 내게 여행이란, 고요한 바다, 선글라스… 등과 비슷한 말이야.

**참고**

parler à qn de qc ~에게 ~에 대해 말하다
penser à qn/qc ~을 생각하다
synonyme n.m. 동의어
lunettes de soleil n.f. 선글라스

## 14

A : Tu as des nouvelles de Paul ?
B : Non, mais j'ai ________________ qu'il a un problème en ce moment.

(a) l'apparence
(b) la sensibilité
(c) l'impression
(d) l'imagination

**해설**

« avoir l'impression que+P » '~라는 인상을 받다, ~라는 느낌이다'에 대한 이해를 묻는 문제이다.

**번역**

A : 너 폴 소식 알아?
B : 아니, 하지만 걔 요즘 문제가 있는 것 같아.

**참고**

nouvelle n.f. 소식
avoir des nouvelles de qn ~의 소식을 듣다
en ce moment 요즘
apparence n.f. 외양, 기색
sensibilité n.f. 감수성
imagination n.f. 상상력

## 15

A : Oh, cette robe est vraiment jolie !
B : En effet, elle n'est pas ______________ du tout.

(a) mal
(b) bonne
(c) terrible
(d) formidable

**해설**

« ~ n'est pas mal du tout » 표현에 대한 이해를 묻는 문제이다. 그대로는 '~이 절대 나쁘지 않다'의 뜻이지만, 실제로는 '~이 아주 좋다'라는 의미로 사용되는 표현이다.

**번역**

A : 와~, 이 드레스 정말 예쁘네!
B : 그러네, 그 드레스 꽤 괜찮네.

**참고**

terrible a. 끔찍한
formidable a. 기막힌, 놀라운

(16~20) 다음 글의 빈칸에 들어갈 가장 적절한 표현을 고르시오.

## 16

Pars maintenant, ____________ tu vas manquer ton train.

(a) alors
(b) donc
(c) sinon
(d) et puis

**해설** '그러지 않으면'의 역접 표현 « sinon »에 대한 이해를 요구하는 문제이다. « alors »는 '그러면', « donc »는 '따라서', « et puis »는 '그런 후에'의 의미이다.

**번역** 지금 떠나, 그러지 않으면 기차 놓쳐.

**참고** maintenant ad. 지금
manquer qc ~을 놓치다

**17**

Je me tiens à votre ___________ pour toute information supplémentaire ou pour un éventuel entretien.

(a) merci
(b) écoute
(c) attention
(d) disposition

**해설**

« se tenir/être à votre disposition pour+inf »에 대한 이해를 요구하는 문제이다. 이 표현은 '당신이 ~하실 수 있도록 항상 대기 중입니다'라는 뜻으로 '언제든지 말씀만 하십시오, 말씀대로 해드리겠습니다'의 의미로 사용된다.

**번역**

보충 정보나 혹시라도 면담이 필요하시면 언제든지 연락 주세요(도와드리겠습니다).

**참고**

supplémentaire a. 보충의, 보충적인
éventuel a. 가능성이 있는
entretien n.m. 면담

## 18

Ce pays a subi de nombreuses invasions, il a une histoire très ____________.

(a) calme
(b) agitée
(c) moderne
(d) passionnée

**해설** '우여곡절이 많은, 격동의'의 뜻을 가진 « agitée »에 대한 이해를 요구하는 문제이다. « calme »는 '고요한', « moderne »는 '근대적, 현대적', « passionné »는 '열정적'이란 뜻이다.

**번역** 이 나라는 많은 침입을 받았고, 그래서 아주 우여곡절이 많은 역사를 지니고 있다.

**참고** invasion n.f. 침공
cf. subir une invasion 침공을 당하다

## 19

Ce serait bien que les parents apprennent l'obéissance ___________ enfants.

(a) à lire
(b) à leurs
(c) pour les
(d) depuis les

**해설** '~에게 ~을 가르치다'라는 « apprendre qc à qn »에 대한 이해를 요구하는 문제이다.

**번역** 부모들이 자기 아이들에게 순종하는 것을 가르치는 것이 좋을 것 같다.

**참고** apprendre qc à qn ~에게 ~을 가르치다
obéissance n.f. 복종

## 20

Les clients peuvent effectuer ______________ de leur commande par chèque ou par carte de crédit.

(a) le prix
(b) le virement
(c) l'annulation
(d) le règlement

**해설** '~에 대한 결제를 하다'라는 표현 « effectuer le règlement de+명사구 »에 대한 이해를 요구하는 문제이다. 이 표현에 « par+지불수단 명사 »가 와서 지불수단을 명기할 수 있다. « par chèque »와 « par carte de crédit »는 각각 '수표로', '신용카드로'의 뜻을 갖는다.

**번역** 고객들은 주문한 것에 대한 지불을 수표나 신용카드로 할 수가 있다.

**참고**
client n.m. 손님, 고객
effectuer un règlement 지불을 하다
commande n.f. 주문
prix n.m. 가격
virement n.m. 입금

## Part III

(21~35) 다음 글을 읽고 빈칸에 들어갈 가장 알맞은 표현을 고르시오.

### 21

Oui, ça y est ! Je suis enfin installée dans mon nouveau studio ! J'en suis totalement satisfaite : il est très fonctionnel mais aussi très joli. En plus, il y a une épicerie en bas de chez moi, c'est pratique ! Je suis au calme car ma fenêtre donne sur __________________.

(a) le boulevard
(b) une cour intérieure
(c) une discothèque très chic
(d) l'entrée d'une école primaire

**해설** 내용을 파악하는지를 묻는 문제이다. 이사를 간 집에서 내가 왜 조용하게 지낼 수 있는지를 묻는다. « donner sur »는 '~로 향해 있다/면해 있다'의 뜻이다.

**번역** 그래, 됐어! 난 마침내 새집(원룸)에 자리를 잡았어! 난 아주 만족스러워. 새집은 아주 기능적이고 또한 아주 예뻐. 더구나, 우리 집 밑에 식료품점이 있어, 아주 편리해! 창문이 안뜰로 나 있어서 아주 평온해.

**참고**
ça y est 됐어
studio n.m. 원룸
satisfait (de qc/qn) a. ~에 만족한
fonctionnel a. 기능적인
épicerie n.f. 식료품점
en bas de ~의 아래에, 밑에
être au calme 평온하다
boulevard n.m. 큰길
cour intérieure n.f. 안뜰
entrée n.f. 정문, 입구
école primaire n.f. 초등학교

## 22

Jeune journaliste dans *Peut-être*, mère violente dans *Tout ça pour ça* ou bien encore pianiste dans *Rendez-vous*, le dernier film de Bernard Hirsch, Inès Klein a montré qu'elle était capable de jouer des personnages ________________.

(a) un peu autres
(b) un peu limités
(c) très différents
(d) très importants

**해설** 제시문은 해당 배우의 어떤 능력이 높음을 평가하는 글로서 그 능력이 어떤 것인지를 파악하는지 묻는 문제이다.

**번역** < 아마도(Peut-être) >에서의 젊은 기자, < 모두가 고작 그것 때문(Tout ça pour ça) >에서의 난폭한 어머니, 또는 베르나르 히르슈의 최근 영화 < 약속(Rendez-vous) >에서의 피아니스트, 이네스 클라인은 아주 다른 등장인물들을 연기하는 능력이 있음을 보여주었다.

**참고**
journaliste n. 기자
violent a. 난폭한, 폭력적인
être capable de+inf ~할 능력이 있다
jouer 연기하다
personnage n.m. 배역, 역할
limité a. 제한적인
différent a. 다른

# 23

On parle souvent avec pessimisme des banlieues difficiles, ces quartiers délaissés en bordure des grandes villes françaises où le chômage est très élevé, la violence considérable, et où les jeunes ont peu d'espoir de s'en sortir. Mais, avec les associations locales qui s'efforcent de créer des emplois locaux, la situation pourrait progressivement ____________.

(a) s'achever
(b) s'aggraver
(c) se dégrader
(d) s'améliorer

**해설** 제시문에는 도시 변두리 지역의 여러 문제와 이를 해결할 수 있는 한 방안이 제시된다. 이를 토대로 논지에 맞는 표현을 고르도록 하는 문제이다.

**번역** 우리는 종종 비관적으로 문제가 있는 교외지역에 대해 말한다. 이 동네들은 프랑스의 대도시 주변지역에 버림받은 채 방치되어 있는데, 이곳은 실업률이 아주 높고, 폭력이 난무하는 곳이다. 또한 젊은이들이 거기로부터 벗어나고자 하는 희망이 거의 없는 곳이기도 하다. 그러나, 지역단체들이 지역고용을 창출하려 노력하면, 상황이 점차 개선될 수 있을 것이다.

**참고**

parler de qc/qn ~에 대해서 말하다
avec pessimisme 비관적으로
en bordure de ~의 주변부에
local a. 지방의, 지역의
progressivement ad. 점진적으로
s'aggraver 악화되다
s'améliorer 개선되다
pessimisme n.m. 비관론, 염세주의
délaisser 방치하다
s'en sortir 궁지에서 벗어나다
s'efforcer de+inf ~하려고 애쓰다
s'achever 끝나다
se dégrader 악화되다

## 24

Un couple franco-coréen a décidé d'entreprendre le trajet Paris-Séoul à vélo. Ils partiront de Paris le 1er avril, mais ne savent pas encore combien de temps durera leur voyage. Lui est français et photographe de mode, et elle, coréenne et journaliste. A leur arrivée, ils auront sûrement de nombreuses histoires intéressantes à ____________.

(a) rendre
(b) raconter
(c) regretter
(d) admettre

**해설**

제시문은 한 커플의 자전거 여행계획을 독특하고 흥미로운 것으로 소개하고 있다. 이 시각에서 볼 때, 이들이 돌아오기를 기대하는 이유는 무엇일까를 추론하게 하는 문제이다. « avoir+명사(구)+à+inf (~할 [명사]가 있다)» 구문에 대한 이해도 요구된다.

**번역**

불-한 커플 한 쌍이 파리-서울 간을 자전거로 이동할 결심을 했다. 그들은 4월 1일 파리를 출발할 것이다. 그러나 그들의 여행이 얼마나 시간이 걸릴지 아직 알지 못한다. 남성은 프랑스인으로 패션 사진작가이고, 여성은 한국인으로 기자이다. 그들이 도착할 때면, 그들은 틀림없이 재미있는 이야깃거리들을 많이 가지고 있을 것이다.

**참고**

trajet n.m. 여정
entreprendre 시도하다
à vélo 자전거로
photographe de mode n. 패션 사진작가
à l'arrivée de qn ~의 도착 시에
sûrement ad. 분명히
raconter qc ~을 이야기하다
regretter qc ~을 후회하다
admettre qc ~을 인정하다

## 25

A Paris, on trouve des supermarchés chinois et des épiceries coréennes. C'est plutôt sympathique d'y entrer et de regarder les produits proposés sur les rayons. C'est pittoresque, ça fait envie et on se laisse souvent tenter. Mais il y a un ____________ : il faut comprendre le mode de préparation, et quand tout est en chinois ou en coréen, ce n'est pas évident.

(a) choix
(b) décision
(c) problème
(d) problématique

**해설)** 설명문에서 설명 중 문제를 제기하는 방식 및 표현에 대한 이해를 묻는 문제이다. « Mais il y a un problème » '하지만 문제가 하나 있다', « ce n'est pas évident » '쉽지 않은 일이다' 등의 표현에 대한 이해가 요구된다.

**번역)** 파리에는 중국 슈퍼마켓과 한국 식료품점들이 있다. 거기에 들어가 진열대에 제공되는 상품들을 보는 것은 꽤 재미있다. 특이해서 구매 욕구를 일으키고, 그래서 종종 그 유혹에 몸을 맡긴다. 그러나 문제가 하나 있다. 조리법을 이해해야 한다는 것인데, 모든 것이 중국어 또는 한국어로 되어 있는 경우 쉽지 않은 일이다.

**참고)**
supermarché n.m. 슈퍼마켓
sympathique a. 호감이 가는
pittoresque a. 특이한, 생생한
mode de préparation n.m. 조리법
évident a. 명백한

## 26

Il y a ceux qui continuent de penser que voter est un acte _______________ jamais nécessaire et les autres qui, au contraire, ont l'impression que leur vote ne changera rien.

(a) plus que
(b) aussi que
(c) moins que
(d) autant que

**해설** 투표에 대해 상반된 두 가지 인식이 있음을 보여주는 제시문에 대한 이해를 묻는 문제이다. '그 어느 때보다도 더'의 뜻을 가진 표현 « plus que jamais »에 대한 이해가 요구된다.

**번역** 투표하는 것은 그 어느 때보다도 더 필요한 것이라고 계속 생각하는 사람들이 있는가 하면 반대로 그들의 투표가 아무것도 바꾸지 못하리라고 느끼는 사람들이 있다.

**참고**
continuer de+inf 계속해서 ~하다, ~하기를 계속하다
voter 투표하다
au contraire 반대로
avoir l'impression que+P ~라고 느끼다
vote n.m. 표, 투표

## 27

Au XX$^{e}$ siècle, on a longtemps parlé de la Chine comme d'une future grande puissance. Elle a souvent fasciné l'Occident et, en ce début de XXI$^{e}$ siècle, elle se présente comme une force formidable qui pourrait prochainement rivaliser avec les Etats-Unis, voire les devancer. Il est certain que, tôt ou tard, les intérêts de la Chine et ceux des Etats-Unis entreront ________________.

(a) en conflit
(b) en harmonie
(c) dans l'économie
(d) dans une phase d'accalmie

**해설**

중국의 경제성장으로 조만간 중국과 미국이 이해관계에서 갈등국면으로 들어갈 것이라는 제시문의 내용에 대한 이해를 묻는 문제이다. '갈등(관계)에 들어가다'라는 표현 « entrer en conflit »에 대한 이해가 요구된다.

**번역**

20세기에 우리는 오랫동안 중국을 미래의 초강대국이라고 말했다. 중국은 자주 서구를 매료시켰다. 그리고 21세기 초 중국은 머지않아 미국과 경쟁할, 나아가서는 미국을 앞지를 상당한 힘을 가진 나라로 모습을 드러내고 있다. 조만간 중국의 이해와 미국의 이해가 갈등관계에 들어가리라는 것은 명백하다.

**참고**

puissance n.f. 강대국
fasciner 매료시키다
se présenter comme qc ~로 모습을 드러내다, ~로 나타나다
prochainement ad. 곧, 머지않아
rivaliser (avec) ~와 경쟁하다
voire ad. 게다가, 나아가서
devancer 앞지르다
tôt ou tard 조만간
intérêt n.m. 이해
entrer en conflit 갈등관계에 들어가다, 충돌을 일으키다
en harmonie 조화로운, 조화롭게
phase d'accalmie n.f. 소강국면

## 28

Il faut savoir qu'il y a en France plus de 3 millions d'illettrés, ce qui représente 9 % de la population. Mais attention aux idées reçues. Ce ne sont ni les femmes, ni les personnes issues de l'immigration qui sont le plus touchées par ce problème. Et il faut noter que ___________ touche aussi 8 % des personnes actives. Surprenant, non ?

(a) celui-ci
(b) celle-ci
(c) ceux-ci
(d) celles-ci

**해설)** 일반인의 선입견과는 달리 노동활동 인구들 중 8%나 문맹 문제를 겪고 있다는 내용을 이해하는지 묻는 문제이다. 변화형 지시대명사의 용법에 대한 이해가 요구된다.

**번역)** 프랑스에 3백만 명 이상의 문맹자들이 있다는 사실을 알아야 한다. 인구의 9%에 해당된다. 그렇지만 선입견을 조심해야 한다. 이 문제를 가장 많이 겪는 이는 여성들도 아니고, 이민자 쪽 사람들도 아니다. 또한 이 문제는 노동인구 중 8%도 겪고 있는 문제라는 점을 지적해야 한다. 놀랍지 않은가?

**참고)**
illettré n.m. 문맹자
idée reçue n.f. 선입견
issu (de) a. ~ 출신의
immigration n.f. 이주
toucher 타격을 가하다, 영향을 주다
surprenant a. 놀라운

## 29

Les kiosquiers parisiens vivent des temps difficiles. ____________ horaires de 13 à 14 heures par jour pour un salaire souvent proche du salaire minimun, la profession est en crise.

(a) Avec des
(b) Malgré les
(c) Devant des
(d) Pendant les

**해설**

파리 신문가판대 관련 직업이 위기에 처한 이유와 관련된 제시문의 논리 전개에 대한 이해를 묻는 문제이다. '~와 함께', '~로 인해'의 뜻으로 쓰인 « avec »에 대한 이해가 요구된다.

**번역**

파리에서 신문가판대를 운영하는 사람들은 어려운 시기를 살고 있다. 종종 최저임금에 가까운 봉급으로 하루 13~14시간을 일하는 까닭에 이 직업은 위기에 처해 있다.

**참고**

kiosquier n.m. 신문가판대 주인
proche (de) a. ~에 가까운
salaire minimun n.m. 최저임금
être en crise 위기이다, 위기에 처해 있다
malgré ~에도 불구하고

## 30

Vivre sans consulter Internet vous paraît impossible ? Oui, bien sûr. Mais il y a vingt ans, alors que tout le monde avait déjà télévision, téléphone et ordinateur, Internet n'existait pas. Maintenant, tout peut se faire par Internet. On y consulte des blogs, des sites, des encyclopédies... On y fait des rencontres, des échanges, des découvertes. Ne pourrait-on pas dire qu'Internet ______________ notre façon de vivre et de penser ?

(a) a détruit
(b) a changé
(c) a conservé
(d) a abandonné

**해설**

인터넷이 급격하게 발전 · 보급되어, 가히 우리의 삶과 사유의 방식까지도 바꾸었다는 제시문의 내용에 대한 이해를 묻는 문제이다.

**번역**

인터넷을 하지 않고 사는 것이 불가능해 보이십니까? 예, 물론입니다. 그러나 20년 전, 누구나가 이미 텔레비전과 전화, 컴퓨터를 가지고 있었지만 인터넷은 존재하지 않았습니다. 지금은 모든 것을 인터넷으로 할 수 있습니다. 인터넷에서 블로그나 포털사이트, 백과사전 등을 볼 수 있습니다. 인터넷에서 만남, 교환, 발견들을 합니다. 인터넷이 우리의 사는 방식과 생각하는 방식을 바꾸었다고 말할 수 있지 않을까요?

**참고**

consulter 참조하다
alors que ~한 반면에
ordinateur n.m. 컴퓨터
façon n.f. 방식, 방법
détruire 파괴하다
conserver 보존하다
abandonner 포기하다

## 31

C'est dimanche, il fait beau, la douceur du temps invite à la promenade et pourtant vous n'avez pas envie de sortir. Cela peut se comprendre. Certains fabricants de programmes vidéo l'ont même prévu. Aussi, ils vous proposent ______________ de promenades en voiture. Le plaisir sans l'effort. La promenade sans le mouvement. A chacun ses goûts...

(a) une sortie
(b) un horaire
(c) une impossibilité
(d) un programme virtuel

**해설)** 제시문은 비디오 프로그램의 발달로 일상 여가생활까지도 가상으로 할 수 있게 되었음을 설명하는 내용을 담고 있다.

**번역)** 일요일이고, 날은 좋고, 온화한 날씨가 산책을 부추긴다. 그럼에도 당신은 외출하고 싶은 생각이 없다. 이해할 수 있다. 몇몇 비디오 프로그램 생산자들은 그것까지도 예견했다. 또한 그들은 가상 자동차 드라이브 프로그램까지도 추천한다. 노력 없는 즐거움. 움직임 없는 산책. 취향은 각각이니…

**참고)**

douceur n.f. 온화함
inviter (qn) à qc/inf ~하도록 요구하다, 부추기다
promenade n.f. 산책
avoir envie de+inf ~하고 싶어하다
fabricant n.m. 제조자, 생산자
prévoir 예견하다
proposer qc à qn ~에게 ~을 제안하다
virtuel a. 가상의

## 32

Il y a encore un siècle, « vivre ensemble » signifiait essentiellement « vivre en couple » ou « vivre en famille ». Progressivement, à ces modèles de base s'en sont greffés ___________ : la colocation, les familles recomposées et les couples non cohabitants.

(a) d'autres
(b) les siens
(c) les choses
(d) les autres

**해설** 제시문은 과거 가족관계로 대변되던 공동생활이 최근에 와서 다양한 형태로 분화되고 있다는 내용이다.

**번역** 1세기 전까지만 해도, '함께 살다'는 본질적으로 '커플(부부)로 살다' 또는 '가족을 이루어 살다'를 의미했다. 점차 이 기본 모델들에 대해 공동으로 세 들어 살기, 재구성된 가족, 같이 살지 않는 커플(부부) 등 다른 모델들이 추가되었다.

**참고**
signifier 의미하다
essentiellement ad. 본질적으로
se greffer à qc ~에 추가되다, 더해지다
colocation n.f. 함께 세 들어 살기

## 33

Les 35 heures ont modifié les habitudes des Français en matière de vacances. Le temps des trois ou quatre semaines passées sur une plage du Sud de la France semble maintenant révolu. Désormais, on préfère partir moins longtemps mais plus souvent. D'où ______________________.

(a) la colère des patrons
(b) la mode des vacances à la montagne
(c) l'attirance pour les voyages exotiques
(d) le succès des formules « escapade pour un week-end »

**해설** 제시문은 주 35시간 근무제의 시행에 기인하는 프랑스인들의 휴가 양상의 변화에 대한 내용을 담고 있다.

**번역** 주 35시간(노동)제는 휴가와 관련한 프랑스인들의 습관을 변화시켰다. 프랑스 남부의 해변가에서 3~4주를 보내던 시기는 이제 지나가버린 듯하다. 사람들은 이젠 덜 길게, 하지만 더 자주 떠나는 것을 선호한다. 여기서 '주말을 위한 탈출'이라는 형식의 성공이 유래한다.

**참고**
modifier 변화시키다
en matière de ~와 관련한
révolu a. 지나가 버린
désormais 이제부터는

## 34

En France, des millions d'internautes utilisent Internet tous les jours. En à peine plus de dix ans, cette technologie, apparue dans les années 90, est devenue un élément majeur de notre vie quotidienne, au même titre que la télévision. Cela est d'autant plus vrai pour les jeunes, lesquels ___________________.

(a) n'ont pas de portable
(b) ne s'y intéressent pas
(c) ne peuvent s'en passer
(d) ne savent pas s'en servir

**해설** 제시문은 급속도로 우리 일상생활의 중요한 요소가 된 인터넷에 대한 내용이다.

**번역** 프랑스에서 수백만 명의 네티즌들이 매일 인터넷을 사용한다. 1990년대에 나타난 이 기술이, 겨우 10여 년 만에, 텔레비전과 똑같이 우리 일상생활의 주요 요소가 되었다. 이는 인터넷 없인 못 사는 젊은이들을 보면 더욱더 그러하다.

**참고**
internaute n. 네티즌
à peine 겨우
majeur a. 주요한
au même titre que ~와 같은 자격으로
d'autant plus 훨씬 더
portable n.m. 노트북 컴퓨터
s'intéresser à ~에 관심을 가지다
se passer de qc ~없이 지내다
se servir de qc ~을 사용하다

# 35

L'organisation de la Techno Parade suscite chaque année la controverse. Si les commerçants se plaignent surtout de voir leurs boutiques désemplir, les riverains, eux, s'en prennent plutôt au bruit et au désordre occasionnés par la manifestation. Le maire a toutefois confirmé que la Techno Parade aurait bien lieu cette année encore, ____________ ces protestations répétées.

(a) malgré
(b) grâce à
(c) à cause de
(d) contrairement à

**해설** 제시문은 «Techno Parade» 개최와 관련된 주민들의 불평과 항의에도 시장은 이를 강행하려고 한다는 내용이다.

**번역** '테크노 파라드' 개최는 매년 논쟁을 불러일으킨다. 상인들이 무엇보다도 가게에 손님이 줄어드는 것을 불평한다면, 주변 주민들은 그보다는 이 행사가 야기하는 소음과 무질서를 비난한다. 그럼에도 시장은 이렇게 반복되는 항의들에도 불구하고 '테크노 파라드'가 금년에도 확실히 개최될 것이라고 확언하였다.

**참고**

organisation n.f. 개최
susciter 불러일으키다
controverse n.f. 논쟁
se plaindre de qc ~을 불평하다
désemplir 줄다
riverain n.m. 주변 주민
s'en prendre à qc ~을 비난하다, 공격하다
occasionner ~을 야기하다
protestation n.f. 항의
malgré ~에도 불구하고
grâce à ~덕분에
à cause de ~때문에
contrairement à ~와 반대로

## Part IV

(36~50) 다음 글을 읽고 주어진 질문에 대한 가장 알맞은 답을 고르시오.

### 36

Le barbecue, tout le monde aime ça, des classes sociales les plus populaires aux personnes les plus riches. Pourtant, à l'origine, le barbecue était vraiment le symbole de la classe moyenne, de ce groupe social qui a toujours joué un rôle important dans la dynamique sociale.

Q. Trouvez le meilleur titre.

(a) Le goût des classes sociales
(b) Les bonnes recettes de barbecue
(c) Le barbecue et les classes sociales
(d) La définition de la classe moyenne

**해설** 제시문은 바비큐는 모든 사회계급이 다 좋아하지만 원래는 중산층의 상징이었다는 내용을 담고 있다.

**번역** 바비큐, 그것은 가장 대중적인 사회계층에서부터 가장 부자인 사람들에 이르기까지 모든 사람이 좋아한다. 그렇지만, 원래, 바비큐는 늘 사회 역동성에 중요한 기능을 해 온 중산층의 상징이었다.

**참고**
barbecue n.m. 바비큐
à l'origine 원래, 애초에
jouer un rôle 역할을 하다
dynamique n.f. 역동성
recette n.f. 요리법
définition n.f. 정의

## 37

Le café est une boisson chaude qui suscite toujours beaucoup d'intérêt. On ne compte plus les recherches scientifiques vantant les effets positifs de la caféine sur le cerveau ou, à l'inverse, ses effets potentiellement négatifs sur le métabolisme. En fin de compte, le plus important, comme pour toute substance, c'est de ne pas en abuser.

Q. Choisissez la phrase qui convient le mieux au texte.

(a) Il vaut mieux boire du café avec modération.
(b) Boire du café n'est pas bon pour l'organisme.
(c) Boire beaucoup de café ne pose pas de problèmes.
(d) La caféine est une substance très stimulante pour le cerveau.

**해설** 제시문은 커피의 이점과 해악에 대해 논쟁이 많지만 중요한 것은 과용하지 않는 것이라는 내용을 담고 있다.

**번역** 커피는 항상 많은 관심을 야기하는 따뜻한 음료이다. 뇌에 대한 카페인의 긍정적인 영향을 자랑하거나 혹은 반대로 신진대사에 잠재적으로 부정적인 영향을 설파하는 학문적 연구들을 이제는 셀 수도 없을 정도이다. 요컨대, 제일 중요한 것은 다른 모든 물질들에 대해서와 마찬가지로 남용하지 않는 것이다.

**참고**
compter 세다
vanter 자랑하다, 설파하다
effet n.m. 영향
caféine n.f. 카페인
à l'inverse 정반대로
potentiellement ad. 잠재적으로
métabolisme n.m. 신진대사
en fin de compte 요컨대, 결국
abuser (de) ~을 남용하다
avec modération 과하지 않게
stimulant a. 자극적인, 흥분시키는

## 38

Est-ce que le jazz est une musique élitiste ? Il semblerait que non, vu la nouvelle définition que se donne le jazz d'aujourd'hui. Maintenant, celui-ci se définit comme une musique hybride qui utilise tous les moyens possibles pour repousser les limites de l'expérience de l'improvisation musicale.

Q. De quoi parle-t-on ici ?

(a) Du jazz d'aujourd'hui
(b) De la musique classique
(c) De l'histoire de la musique
(d) Des expériences musicales

**해설)** 제시문은 오늘날 재즈가 어떤 성격을 갖는지에 대해서 말하고 있다.

**번역)** 재즈는 엘리트 음악인가? 오늘날의 재즈가 갖는 새로운 정의에 비추어 보면 아닌 것 같아 보인다. 오늘날, 재즈는 음악의 즉흥연주 경험의 한계를 넘어서기 위해 가능한 모든 수단을 사용하는 혼합음악으로 정의된다.

**참고)**
élitiste a. 엘리트의
vu ~에 비추어 볼 때
se définir comme X X로 정의되다
hybride a. 혼합적인
improvisation n.f. 즉흥연주

## 39

Je m'appelle Myriam et je vous écris pour vous demander conseil. Ma belle-mère est vraiment insupportable : elle téléphone presque tous les soirs et elle me fait sans cesse des remarques sur ma façon de cuisiner ou d'élever mon fils. Dominique, lui, ne dit jamais rien pour me défendre. Que faire ?

Q. Qui est Dominique ?

(a) Le fils de Myriam
(b) Le père de Myriam
(c) Le mari de Myriam
(d) Le petit-fils de Myriam

**해설**

제시문은 미리암이라는 한 여성이 시어머니의 간섭과 남편 도미니크의 무관심에 대해 어떻게 대처해야 할지 조언을 구하는 내용이다.

**번역**

저는 미리암이라고 하고, 당신께 조언을 구하러 글을 씁니다. 제 시어머니는 정말 참을 수가 없습니다. 거의 매일 전화를 하고 내 요리 방식과 아들 키우는 방식에 대해 끊임없이 지적을 합니다. 그이, 도미니크는 저를 방어해주기 위한 어떤 말도 하지 않습니다. 어떻게 해야 할까요?

**참고**

insupportable a. 참을 수 없는
sans cesse 끊임없이
faire des remarques 지적하다
défendre qn ~를 방어하다, 보호하다

## 40

Ce matin-là, François s'est levé à 6 heures. Il a pris un rapide petit déjeuner et est sorti. Dans la rue, il s'est aperçu qu'il allait peut-être pleuvoir. Il est revenu chez lui et a mis un imperméable. Puis il a couru jusqu'à la bouche de métro.

Q. Pourquoi est-ce que François est retourné à la maison ?

(a) Parce qu'il pleuvait.
(b) Parce qu'il était trop tôt.
(c) Parce qu'il avait oublié son sac.
(d) Parce qu'il pensait qu'il pleuvrait.

**해설)** 제시문은 프랑수아가 아침에 외출을 하다가 비가 올 것 같아서 다시 집에 들어가 비옷을 걸치고 지하철로 뛰어갔다는 내용이다.

**번역)** 그날 아침, 프랑수아는 6시에 일어났다. 빠르게 아침을 먹고 외출을 했다. 거리에서 아무래도 비가 올 것 같다고 생각했다. 그는 다시 집으로 돌아와 비옷을 입었다. 그리고 지하철 입구까지 뛰었다.

**참고)** rapide a. 빠른, 급한
s'apercevoir que+P ~를 깨닫다, 알아차리다
imperméable n.m. 비옷
bouche de métro n.f. 지하철 입구

## 41

Demain, la matinée sera humide avec des pluies de la Normandie à la Région Centre. Dans le Sud-Ouest, le temps sera très instable et le soleil assez peu au rendez-vous. Dans l'après-midi, la situation va se dégrader. Météo France lance une alerte orange sur la façade atlantique et annonce de violents orages dans le Sud.

Q. Choisissez un titre convenable.

(a) L'hiver est fini.
(b) Le temps se gâte.
(c) La douceur printanière arrive.
(d) Les belles couleurs de l'automne sont de retour.

**해설** 제시문은 나쁜 날씨를 보도하는 일기예보의 일부이다.

**번역** 내일 오전에는 노르망디부터 중부지방까지 비가 오고 습하겠습니다. 남서부 지방에서는 날씨가 아주 불안정하고 해는 아주 가끔씩만 볼 수 있겠습니다. 오후에는 상황이 더 나빠지겠습니다. 프랑스 기상청은 대서양 연안에 황색경보를 발령하고 남부지방에는 강한 폭우가 내릴 것을 예보합니다.

**참고**
humide a. 빠른, 급한
instable a. 불안정한
être au rendez-vous 나타나다, 일어나다
lancer une alerte 경보를 발령하다
façade n.f. 연안지방
  cf. façade atlantique 대서양 연안지방
se gâter 나빠지다, 악화되다
printanier a. 봄의

## 42

On compte six grandes chaînes. Trois appartiennent au service public : France 2, France 3 et Arte (chaîne culturelle franco-allemande). Trois sont privées : TF1, qui est la chaîne la plus regardée, M6, et Canal + qui est une chaîne payante.

Q. De quoi parle le texte ?

(a) De la presse française
(b) De la télévision française
(c) De la vie politique française
(d) De la structure des médias français

**해설** 제시문은 프랑스 공중파 채널에 대해서 설명하는 글이다.

**번역** 주요 채널 6개가 있다. 세 개는 공영으로 프랑스 2와 프랑스 3, 아르테(불-독 문화 채널)가 그것이다. 세 개는 민영으로 사람들이 가장 많이 보는 TF1과 M6, 유료 채널인 Canal+가 그렇다.

**참고**
chaîne n.f. 채널
appartenir à ~에 속하다
service public n.m. 공공 서비스
payant a. 유료의

**43**

On a beaucoup parlé du film *Joyeusement vôtre* avant sa sortie. On en parle beaucoup moins depuis. Quelle en est la raison ? C'est tout simplement un film qui n'apporte rien. L'histoire est plutôt banale, les acteurs peu convaincants, les décors tristes. Seule la musique fait preuve d'un peu d'originalité mais elle ne sauve pas le film à elle seule.

Q. Quel est le ton général du texte ?

(a) critique
(b) enthousiaste
(c) vraiment élogieux
(d) extrêmement méchant

**해설)** 제시문은 영화 « Joyeusement vôtre »가 세간의 관심을 잃게 된 이유를 비판적 시각에서 설명하는 글이다.

**번역)** 영화 <Joyeusement vôtre>에 대해서 사람들은 개봉 전에 이야기를 많이 했다. 그 이후로는 훨씬 덜하다. 이유가 무엇일까? 그건 딱 잘라 말해서 아무것도 가져다주지 않는 영화이기 때문이다. 줄거리는 비교적 평범하고, 배우들은 거의 설득력이 없으며, 무대장치는 우울하다. 단지 음악만이 약간의 독창성을 보여주지만 그것만으로는 영화를 구하지 못한다.

**참고)**
beaucoup moins 훨씬 덜
depuis 그 후로
banal a. 평범한
convaincant a. 설득력 있는
faire preuve de ~을 보여주다
élogieux a. 칭찬하는

## 44

Cette semaine, Bernard a échoué au baccalauréat, ses parents lui ont annoncé qu'ils allaient divorcer, il a raté son permis de conduire pour la deuxième fois et, pour couronner le tout, sa petite amie ne veut plus lui parler depuis qu'il a oublié de lui faire un cadeau pour son anniversaire. Il y a des semaines où vraiment tout va mal.

Q. Choisissez le titre qui correspond le mieux au texte.

(a) Pas de soucis pour Bernard.
(b) Semaine noire pour Bernard.
(c) Semaine standard pour Bernard.
(d) Bernard et l'anniversaire en retard.

**해설**

제시문은 제대로 되는 일이 없었던 베르나르의 암울한 한 주일에 대한 내용을 담고 있다.

**번역**

이번 주에 베르나르가 바칼로레아(대입자격시험)에 낙방했다. 부모님은 그에게 이혼할 것이라는 사실을 알렸고, 그는 운전면허 시험에 두 번째로 떨어졌다. 그리고, 이 모든 것을 마무리 지으려, 그의 여자친구는 그가 그녀 생일에 선물하는 것을 잊었다고 더 이상 말을 건네지 않는다. 정말 모든 것이 꼬이는 주가 있다.

**참고**

échouer à ~에 실패하다
baccalauréat n.m. 바칼로레아(대입자격시험)
divorcer 이혼하다
rater qc ~을 놓치다, ~에 실패하다
permis de conduire n.m. 운전면허증
pour la deuxième fois 두 번째로
depuis que+P ~한 이래로
oublier de+inf ~하기를 잊다
faire un cadeau à qn ~에게 선물을 하다

## 45

Une fillette de dix-huit mois a été retrouvée indemne après être tombée mardi soir par la fenêtre de l'appartement de ses parents situé au cinquième étage d'un immeuble de Rambouillet.

Q. Qu'est-ce que la petite fille est devenue ?

(a) Elle est morte.
(b) Elle s'est fait très mal.
(c) Elle s'est grièvement blessée.
(d) Elle est sortie saine et sauve de l'accident.

**해설** 제시문은 건물 6층에서 떨어지고도 무사했던 18개월 된 여아에 관한 이야기이다. '무사한, 피해를 입지 않은'이란 뜻의 어휘 « indemne »에 대한 이해가 요구된다.

**번역** 18개월 된 여아가 화요일 저녁 랑부이예 한 건물의 6층에 위치한 그 부모의 아파트 창문으로 떨어진 후 아무 탈 없이 발견되었다.

**참고**
fillette n.f. 여자아이
indemne a. 무사한, 다친 데 없는
par la fenêtre 창문으로
sain et sauf a. 무사한

46

Le Président de la République française, monsieur Nicolas Sarkozy en personne, a déclaré que la gastronomie de son pays était « la meilleure du monde » et qu'il souhaitait qu'elle soit de ce fait inscrite auprès de l'UNESCO comme faisant partie du patrimoine mondial.

Q. Choisissez un titre convenable.

(a) Les Français contents de leur chef d'Etat
(b) Nicolas Sarkozy fier de la gastronomie française
(c) La mauvaise réputation de la gastronomie française
(d) Nicolas Sarkozy : bientôt nouveau directeur de l'UNESCO

**해설)** 제시문은 니콜라 사르코지 대통령이 프랑스 음식에 대한 자부심에서 한 발언에 관한 내용을 담고 있다.

**번역)** 프랑스 대통령 니콜라 사르코지 씨는, 본인이 직접, 자기 나라의 음식문화가 "세계에서 제일 좋다"고 말하고, 그런 이유로, 그것이 유네스코의 세계문화유산으로 등록되기를 희망한다고 말했다.

**참고)**
en personne 본인이 직접, 몸소
gastronomie n.f. 음식문화, 식도락
de ce fait 따라서, 그런 이유로
faire partie de qc ~에 속하다, ~의 일부를 이루다
content de qn/qc a. ~에 만족하는
fier de qn/qc a. ~이 자랑스러운
réputation n.f. 명성
cf. mauvaise réputation n.f. 악명

## 47

On imagine que les utilisateurs des transports en commun sont toujours stressés. Or, ce serait plutôt le contraire si l'on en croit les chiffres suivants tirés d'un sondage récent : 47 % d'entre eux se sentent détendus, 62 % ont déjà engagé la conversation avec un(e) inconnu(e), 46 % se sont déjà fait draguer et 16 % ont tenté de draguer. Comme quoi, il ne devrait pas toujours être désagréable de prendre le métro...

Q. Comment se comportent les utilisateurs de transports en commun ?

(a) de manière fatigante
(b) de manière agressive
(c) de manière inconsciente
(d) de manière décontractée

**해설** 제시문은 대중교통 이용자들이 통상적 관념과는 다르게 스트레스를 받지 않고 오히려 긴장이 풀린 상태라는 사실을 한 설문조사 결과를 들어 설명하는 내용이다.

**번역** 우리는 대중교통 이용자들이 늘 스트레스를 받는다고 생각한다. 그러나, 최근의 한 설문조사에서 나온 다음과 같은 수치를 믿는다면 오히려 그 반대가 될 것 같다. 그들 중 47%가 긴장이 풀린다고 하고, 62%는 모르는 사람과 대화를 나누어 본 적이 있고, 46%는 수작 걸어오는 것을 경험한 적이 있고 16%는 수작 걸기를 시도해 본 적이 있다. 그런 까닭에 지하철을 타는 것이 늘 불쾌한 것만은 아닌 것으로 보인다.…

**참고**
transport en commun n.m. 대중교통(수단)
plutôt ad. (~라기보다는) 오히려, 차라리, 어느 정도는
sondage n.m. 여론조사
récent a. 최근의
détendu a. 긴장이 풀린, 느슨한
engager la conversation avec qn ~와 대화를 시도하다
draguer qn ~에게 수작을 걸다, ~을 꼬시다
désagréable a. 불쾌한, 기분 나쁜, 언짢은
de manière décontractée 거리낌없게, 자유롭게, 편안하게

## 48

Hier, je suis allée faire du shopping avec une amie. Il y avait tellement de monde, c'était incroyable ! C'est normal, c'était le premier jour des soldes, alors tout le monde était excité. J'ai juste trouvé une petite jupe et une veste. Les prix n'étaient pas si intéressants que ça et il n'y avait pas grand-chose... mais je pense que j'y retournerai quand même demain.

Q. Qu'est-ce que cette femme pense des soldes ?

(a) Les soldes ne sont pas du tout intéressantes.
(b) C'était ennuyeux et elle n'y retournera plus.
(c) C'est étrange que les gens soient aussi excités.
(d) Même s'il y a moins de choix que prévu, ça en vaut la peine.

**해설)** 제시문은 바겐세일 첫날에 친구와 쇼핑을 간 한 여성의 감회를 담고 있다. 그 요지는 기대한 만큼은 아니지만 그래도 다시 가볼 생각이라는 것이다.

**번역)** 어제 나는 친구(여자) 한 명과 쇼핑을 하러 갔다. 엄청나게 많은 사람들이 있었는데, 믿을 수 없을 정도였다! 당연한 것이 그날이 바겐세일 첫날이었고, 그래서 모두가 흥분한 상태였다. 난 고작 괜찮은 치마와 윗옷 하나만을 봤다. 가격이 그다지 싸지도 않았고 대단한 것도 없었다. 하지만, 그럼에도 내일 거기에 다시 갈 생각이다.

**참고)**
faire du shopping 쇼핑하다
tellement de+N 아주 많은 ~
soldes n.m. 바겐세일
juste ad. 단지, 오직
ça en vaut la peine 그렇게 해볼 만하다

49

A l'heure actuelle, presque tous les magazines et les journaux télévisés nous parlent du réchauffement de la planète. On pourrait presque parler de surinformation. Mais dans les faits, qu'est-ce que ça change ? Est-ce qu'on apprend aux gens à agir ou à consommer différemment ? Autrement dit, on parle beaucoup, mais on ne fait pas grand-chose de concret...

Q. Qu'est-ce que le texte essaie de mettre en relief ?

(a) la logique d'une situation
(b) le paradoxe d'une situation
(c) le silence des médias sur le sujet
(d) le manque d'informations général

**해설)** 제시문은 지구온난화에 대해 말은 많지만 구체적인 대처는 하지 못하는 역설적인 상황을 비판하는 내용이다.

**번역)** 요즘 거의 모든 잡지와 방송뉴스에서 지구온난화를 이야기한다. 거의 정보과잉이라고 할 수도 있겠다. 그러나 사실 그것이 무엇을 바꾸겠는가? 사람들에게 다르게 행동하거나 소비하는 방법을 가르치는가? 다시 말해서, 말은 많이 하지만 구체적으로 대단한 일을 하는 것은 없다.…

**참고)**
à l'heure actuelle 현재, 요즘
presque ad. 거의
réchauffement de la planète n.m. 지구온난화
surinformation n.f. 과잉정보(정보과잉)
agir 행동하다
consommer 소비하다
différemment ad. 다르게
paradoxe n.m. 역설
manque n.m. 부족, 결핍

## 50

J. F. Kennedy a été assassiné le 22 novembre 1963 à Dallas. Même si Lee Harvey Oswald a très vite été désigné comme le tueur, son assassinat le 24 novembre, à peine deux jours plus tard, implique que le soupçon du complot planera toujours sur cette affaire. La mafia, la CIA et bien d'autres encore ne sont sûrement pas tous innocents dans cette histoire.

Q. D'après le texte, que pense l'auteur de l'assassinat de Kennedy ?

(a) C'était peut-être un complot.
(b) J. F. Kennedy a mérité ce qui lui est arrivé.
(c) La mafia et la CIA sont innocentes dans cette affaire.
(d) Il ne fait aucun doute que Lee Harvey Oswald était l'assassin.

**해설)** 제시문은 J. F. 케네디 시해와 관련하여 음모설이 제기되고, 그것이 계속될 수밖에 없는 정황에 대해서 설명하는 내용이다.

**번역)** J. F. 케네디는 1963년 11월 22일 달라스에서 암살되었다. 아주 빠르게 Lee Harvey Oswald가 살인자로 지목되었음에도 불구하고, 겨우 이틀 후 11월 24일에 발생한 그의 암살은 이 사건에 대해 음모 의혹이 늘 따라다니게 되는 결과를 초래하였다. 마피아와 CIA, 그리고 그 외 또 다른 이들 모두가 이 이야기에서 무고한 것이 아님은 분명하다.

**참고)**
assassiner 암살하다
désigner X comme Y X를 Y로 지목하다
assassinat n.m. 암살, 살인
à peine 겨우, 가까스로
complot n.m. 음모
planer sur ~ 위를 떠돌다

SNULT 프랑스어

# 정답표

# SET 1

## 청해

| | | | | |
|---|---|---|---|---|
| 1. (d) | 2. (a) | 3. (d) | 4. (b) | 5. (a) |
| 6. (c) | 7. (c) | 8. (a) | 9. (c) | 10. (b) |
| 11. (d) | 12. (a) | 13. (c) | 14. (d) | 15. (d) |
| 16. (c) | 17. (a) | 18. (c) | 19. (b) | 20. (a) |
| 21. (b) | 22. (a) | 23. (d) | 24. (d) | 25. (c) |
| 26. (b) | 27. (c) | 28. (c) | 29. (b) | 30. (c) |
| 31. (b) | 32. (a) | 33. (b) | 34. (b) | 35. (a) |
| 36. (b) | 37. (c) | 38. (c) | 39. (a) | 40. (c) |
| 41. (a) | 42. (c) | 43. (d) | 44. (c) | 45. (a) |
| 46. (b) | 47. (d) | 48. (a) | 49. (b) | 50. (a) |

## 독해

| | | | | |
|---|---|---|---|---|
| 1. (c) | 2. (d) | 3. (d) | 4. (d) | 5. (b) |
| 6. (a) | 7. (a) | 8. (c) | 9. (c) | 10. (c) |
| 11. (d) | 12. (c) | 13. (a) | 14. (a) | 15. (c) |
| 16. (a) | 17. (d) | 18. (b) | 19. (b) | 20. (b) |
| 21. (c) | 22. (b) | 23. (d) | 24. (c) | 25. (b) |
| 26. (c) | 27. (c) | 28. (b) | 29. (c) | 30. (d) |
| 31. (c) | 32. (a) | 33. (c) | 34. (b) | 35. (d) |
| 36. (a) | 37. (c) | 38. (a) | 39. (d) | 40. (a) |
| 41. (c) | 42. (a) | 43. (b) | 44. (d) | 45. (c) |
| 46. (b) | 47. (d) | 48. (c) | 49. (a) | 50. (b) |

# SET 2

## 청해

| | | | | |
|---|---|---|---|---|
| 1. (c) | 2. (b) | 3. (c) | 4. (b) | 5. (d) |
| 6. (d) | 7. (a) | 8. (c) | 9. (c) | 10. (b) |
| 11. (a) | 12. (d) | 13. (a) | 14. (b) | 15. (d) |
| 16. (d) | 17. (b) | 18. (b) | 19. (a) | 20. (c) |
| 21. (c) | 22. (d) | 23. (b) | 24. (d) | 25. (b) |
| 26. (a) | 27. (c) | 28. (b) | 29. (a) | 30. (d) |
| 31. (b) | 32. (d) | 33. (b) | 34. (b) | 35. (a) |
| 36. (c) | 37. (b) | 38. (a) | 39. (d) | 40. (b) |
| 41. (c) | 42. (b) | 43. (c) | 44. (a) | 45. (b) |
| 46. (a) | 47. (b) | 48. (a) | 49. (b) | 50. (d) |

## 독해

| | | | | |
|---|---|---|---|---|
| 1. (a) | 2. (c) | 3. (c) | 4. (b) | 5. (a) |
| 6. (c) | 7. (b) | 8. (a) | 9. (c) | 10. (b) |
| 11. (b) | 12. (b) | 13. (d) | 14. (c) | 15. (a) |
| 16. (c) | 17. (d) | 18. (b) | 19. (b) | 20. (d) |
| 21. (b) | 22. (c) | 23. (d) | 24. (b) | 25. (c) |
| 26. (a) | 27. (a) | 28. (a) | 29. (a) | 30. (b) |
| 31. (d) | 32. (a) | 33. (d) | 34. (c) | 35. (a) |
| 36. (c) | 37. (a) | 38. (a) | 39. (c) | 40. (d) |
| 41. (b) | 42. (b) | 43. (a) | 44. (b) | 45. (d) |
| 46. (b) | 47. (d) | 48. (d) | 49. (b) | 50. (a) |

## SNULT 응시 요강

SNULT 정기시험은 회차별로 지정된 접수기간 중 인터넷을 통해 접수하실 수 있습니다.
응시대상은 제한이 없으며 응시료는 다음과 같습니다.

| 구분 | 응시료 |
|---|---|
| 정기접수 | 47,000원 |
| 추가접수 | 51,000원 |

### 접수방법

(1) 인터넷 접수

– 회차별로 지정된 정기접수기간 중 TEPS 홈페이지(www.teps.or.kr)에서 접수하실 수 있습니다.

(2) 결제 방법

– 신용카드, 실시간 계좌이체, 휴대폰 결제

(3) 고사장 선택

– 고사장은 TEPS 홈페이지에서 현재 접수 중인 고사장을 확인하시고 가까운 곳을 선택하시면 됩니다.

– 고사장은 일정에 따라 변동될 수 있으며, 접수가 마감된 고사장은 접수가 불가능합니다.

### 신분증 규정

다음에 제시된 신분증 중 한 가지를 유효한 신분증으로 인정합니다.

| 구분 | 신분증 |
|---|---|
| 일반인·대학생 | 주민등록증(발급신청확인서), 운전면허증, 기간 만료 전의 여권, 공무원증, 장애인 복지카드<br>*주의: 대학(원)생 학생증은 사용하실 수 없습니다. |
| 중·고등학생 | 학생증(학생증 지참 시 유의사항 참조), 기간 만료 전의 여권, 청소년증(발급신청확인서), 주민등록증(발급신청확인서), TEPS신분확인증명서 |
| 초등학생 | 기간 만료 전의 여권, 청소년증(발급신청확인서), TEPS신분확인증명서 |
| 군인 | 주민등록증(발급신청확인서), 운전면허증, 기간 만료 전의 여권, 현역간부 신분증, 군무원증, TEPS신분확인증명서 |
| 외국인 | 외국인등록증, 기간만료 전의 여권, 국내거소신고증(출입국관리사무소 발행) |

※ 유의사항

– 시험 당일 위의 규정 신분증 미소지자는 시험에 응시할 수 없습니다.

– 중 · 고등학교 학생증은 반드시 이름, 사진, 학교명이 식별 가능해야 합니다. 위의 항목 중 하나라도 누락되거나 식별이 불가능할 경우 시험에 응시할 수 없습니다.

- TEPS관리위원회에서 규정하는 신분증 중 한 가지를 반드시 소지해야 하며, 규정신분증 이외의 신분증을 소지하거나 신분증을 소지하지 않은 경우 시험에 응시할 수 없습니다.
- 규정신분증 이외의 의료보험증, 주민등록등본, 각종 자격증, 대학교 및 대학원 학생증, 사진이 있는 카드 등은 절대 신분증으로 이용할 수 없습니다.
- 규정신분증 미소지자가 시험 도중 적발될 경우에는 시험규정 위반으로 해당 시험성적은 무효처리됩니다.

### 시험구성

| 구분 | 청해 | 독해 | 총계 |
|---|---|---|---|
| 시간 | 약 50분 | 50분 | 약 100분 |
| 문항/배점 | 50문항/100점 | 50문항/100점 | 100문항/100점 |

### 성적발표

(1) SNULT 정기시험 성적결과는 시험일 이후 2주차 화요일(또는 수요일) 오후 5시에 TEPS 홈페이지를 통해 발표되며, 우편통보는 성적 발표일로부터 7~10일가량 소요됩니다.
(2) 성적확인을 위해서는 성적확인 비밀번호를 반드시 입력해야 합니다 성적확인 비밀번호는 가장 최근에 응시한 SNULT 정기시험 답안지에 기재하신 4자리 비밀번호입니다. 성적확인 비밀번호를 분실한 경우에는 성적확인 비밀번호 찾기를 통해 확인하시기 바랍니다.
(3) 성적발표일은 변경될 수 있으니 홈페이지 공지사항을 참고하시기 바랍니다.
※ 시험 성적은 응시일로부터 2년간 유효합니다.

### 성적표 발급

SNULT 정기시험 성적표는 최초 발급 1회에 한하여 무료로 발급받을 수 있으며 시험접수 단계에서 최초 발급 성적표 수령방법을 선택하실 수 있습니다.

(1) 수령방법
- 우편수령: 성적발표 후 일괄 우편 발송되며 성적발표일 기준으로 7~10일가량 소요됩니다.
- 주소변경: 시험시행 후 7일 이내에 TEPS 홈페이지 > 접수관리 > 성적표 수령 방법 > 주소변경 메뉴에서 변경 가능합니다.

(2) 재발급 신청
- 인터넷 신청: 인터넷을 통해 신청한 후 발급받는 방법으로, 발급신청 시 우편수령, 택배수령 중 선택할 수 있으며, TEPS 홈페이지 > 성적확인 > 성적확인, 성적표 · 인증서 발급신청 메뉴에서 신청할 수 있습니다.

앞면(Side1)

# TEPS SNULT

응시일자 : 년 월 일

| 수험번호 Registration No. | |
|---|---|
| 생년월일 Birth | |
| 성명 Name | |

| 문 제 지 번 호 Test Booklet No. | 감독관확인란 |
|---|---|
| | |

**청 해 Listening Comprehension** 1–50

**독 해 Reading Comprehension** 1–50

**고사실란 Room No.**

**성별 Gender** 남 Male / 여 Female

**내/외국인 Dom./For.** 내국인 Domestic / 외국인 Foreigner

**생년월일 Birth** Y Y M M D D

※ 생년월일과 수험번호를 정확히 작성바랍니다

**비밀번호 Password**

**좌석번호 Seat No.**

**수 험 번 호 Registration No.**

**언 어 표 기 란**

| | |
|---|---|
| 영 어 | 서 어 |
| 일 어 | 노 어 |
| 중 어 | 포 어 |
| 불 어 | 아 랍 어 |
| 독 어 | |

**답안작성시 유의사항**

1. 답안작성은 반드시 컴퓨터용 싸인펜을 사용해야 하며, 아래의 'GOOD'과 같이 올바르게 마킹해야 합니다.
   Good / Bad
2. 답안작성 도중 수정이 필요한 경우 반드시 수정테이프를 사용해야 합니다.(수정액 불가)
3. 올바른 필기구와 수정도구를 사용하지 않거나 본인의 부주의로 잘못 마킹한 경우 성적처리가 되지 않을 수 있으며 성적은 TEPS관리위원회 OMR 판독기의 판독결과에 따릅니다.
4. 성별, 생년월일, 수험번호 등의 인적정보는 성적처리를 위해 반드시 필요하므로 정확하게 기재해야 하며, 미기재 또는 기재오류 등으로 인해 인적정보가 올바르지 않는 경우 성적처리가 되지 않으며 그 결과는 응시자가 책임집니다.
5. 시험이 종료된 후 답안 및 인적사항의 수정 또는 정정이 불가능하므로 신중하게 답안을 작성하시기 바랍니다.
6. 답안지 상단의 타이밍마크( )를 찢거나 낙서 등으로 인해 답안지를 훼손하는 경우 성적처리가 되지 않을 수 있습니다.

| 서 약 | 본인은 답안 작성 시 유의사항을 준수하고 인적사항 및 답안 기재 오류, 답안지 훼손 시 그 결과에 책임지며 TEPS관리위원회의 부정행위 및 규정위반 처리규정을 준수할 것을 서약합니다. | |
|---|---|---|

뒷면(Side2)

# TEPS SNULT

| 수험번호 Registration No. | |
|---|---|
| 성명 Name 영문 | |
| 성명 Name 한자 | |

※ 접수 시 기재한 영문성명으로 작성하시기 바랍니다

**<부정행위 및 규정위반 처리규정>**

1. 모든 부정행위 및 규정위반 적발 및 이에 대한 조치는 TEPS관리위원회의 처리규정에 따라 이루어집니다.

2. 부정행위 및 규정위반 행위는 현장 적발 뿐만 아니라 사후에도 적발될 수 있으며 모두 동일한 조치가 취해집니다.

3. 부정행위 적발 시 이전회차 및 당해 성적은 무효화되며 사안에 따라 최대 5년까지 TEPS관리위원회에서 주관하는 모든 시험의 응시자격이 제한됩니다.

4. 문제지 이외에 메모를 하는 행위와 시험 문제의 일부 또는 전부를 유출하거나 공개하는 경우 부정행위로 처리됩니다.

5. 각 파트별 시간을 준수하지 않거나, 시험 종료 후 답안 작성을 계속할 경우 규정위반으로 처리됩니다.

**성 명** (성·이름순으로 기재)

EX H O N G  G I L  D O N G

A B C D E F G H I J K L M N O P Q R S T U V W X Y Z

| 신 분 | 직 업 | | 최종학력 |
|---|---|---|---|
| 초등학생 | 학생 | 공무원 | 초등학교졸업 |
| 중학생 | 전문직 | 전업주부 | 중학교졸업 |
| 고등학생 | 경영직 | 농/임/어업 | 고등학교졸업 |
| 전문대학생 | 사무직 | 자영업 | 전문대학졸업 |
| 대학생 | 서비스/영업/판매직 | 자유직/프리랜서 | 대학교졸업 |
| 대학원생 | 생산/기술직 | 기타/무직 | 대학원졸업 |
| 일반인 | 교사/강사 | | |

**질 문 란**

1. 귀하의 SNULT 응시목적은?
ⓐ 취업준비 ⓑ 인사정책 ⓒ 개인실력측정 ⓓ 입시준비 ⓔ 국가고시지원 ⓕ 유학 ⓖ 교육목적

2. 제2외국어시험 선택의 고려 요인은?
ⓐ 성적의 활용도 ⓑ 시험인지도 ⓒ 공신력 ⓓ 난이도 ⓔ 응시료 ⓕ 주변평판 ⓖ 교재/학원

3. 귀하는 SNULT가 평가목적(다양한 소재의 질의를 통해 제2외국어의 실제 의사소통 능력을 측정)에 대체로 부합한다고 생각하십니까?
ⓐ 매우 그렇다 ⓑ 그렇다 ⓒ 보통 ⓓ 아니다 ⓔ 매우 아니다

4. 다음 중 가장 중점적으로 학습하는 영역은 무엇입니까?
ⓐ 청해 ⓑ 문법 ⓒ 어휘 ⓓ 독해 ⓔ 말하기 ⓕ 쓰기

5. 실질적으로 가장 많이 사용하는 영역은?
ⓐ 청해 ⓑ 문법 ⓒ 어휘 ⓓ 독해 ⓔ 말하기 ⓕ 쓰기

6. 귀하의 외국어실력 수준은?
ⓐ 매우높음 ⓑ 높음 ⓒ 보통 ⓓ 낮음 ⓔ 매우낮음

7. 현재 고사장의 만족도는?
ⓐ 매우만족 ⓑ 만족 ⓒ 약간만족 ⓓ 약간불만족 ⓔ 불만족 ⓕ 매우불만족

## SNULT (프랑스어) 등급 분류표

| 등급 | 총점 | 등급별 능력검정기준 |
|---|---|---|
| 1+ | 91~100 | 모국어 화자에 버금가는 최상급의 언어능력을 보이며, 모든 분야의 전문적인 업무를 원활하게 수행할 수 있음. |
| 1 | 81~90 | 모국어 화자에 근접하는 상급의 의사소통 능력을 보이며, 단기간의 훈련을 거치면 특정 분야의 전문적인 업무를 수행할 수 있음. |
| 2+ | 71~80 | 중상급의 의사소통 능력을 보이며, 중장기간의 집중훈련을 거치면 일반적인 업무를 원활하게 수행할 수 있음. |
| 2 | 61~70 | 중중급의 의사소통 능력을 보이며, 중장기간의 집중교육을 받으면 일반적인 업무를 큰 어려움 없이 수행할 수 있음. |
| 3+ | 51~60 | 초중급 수준의 의사소통 능력을 보이며, 장기간의 집중교육을 받으면 약간의 어려움은 있지만 한정된 분야의 업무를 수행할 수 있음. |
| 3 | 41~50 | 초급 수준의 의사소통 능력을 보이며, 장기간의 집중교육을 받으면 다소 미흡하지만 한정된 분야의 업무를 대체로 수행할 수 있음. |
| 4 | 0~40 | 해당언어에 대한 단편적인 지식만을 갖추고 있어 의사소통에 어려움이 있으며, 장기적인 기초교육이 필요함. |

# SNULT 프랑스어

## 실전문제

* 별책 실전문제는 문제집 본문의 문제부분만 뽑아 SNULT 시험을 두 차례에 걸쳐 실전적으로 테스트할 수 있게 구성하였습니다. 따라서 SNULT 프랑스어 문제형식을 그대로 채용하였습니다.

# SET 1

## 프랑스어

청해

독해

# 청해

지금부터 프랑스어 청해력 시험을 시작하겠습니다. 이 시험은 객관식이며 문항수는 50개이고 네 부분으로 구성되어 있습니다. 먼저 각 부분의 시험방식을 우리말로 두 번 들려 드리고 각 문항의 문제는 두 번, 선택지는 한 번 들려 드립니다. 즉, 두 번 들려 드리는 문제를 잘 듣고 난 후 a, b, c, d의 선택지 중에 정답을 골라 답안지에 표시하십시오. 그러면 지금부터 문제를 들려 드리겠습니다. 답안 작성을 시작하십시오.

(1-15) 다음 문장을 듣고 자연스러운 대화를 이룰 수 있는 가장 적절한 응답을 고르세요.

**01.** 답안지에 정답을 표시하시오. (a) (b) (c) (d)

**02.** 답안지에 정답을 표시하시오. (a) (b) (c) (d)

**03.** 답안지에 정답을 표시하시오. (a) (b) (c) (d)

**04.** 답안지에 정답을 표시하시오. (a) (b) (c) (d)

**05.** 답안지에 정답을 표시하시오. (a) (b) (c) (d)

**06.** 답안지에 정답을 표시하시오. (a) (b) (c) (d)

**07.** 답안지에 정답을 표시하시오. (a) (b) (c) (d)

**08.** 답안지에 정답을 표시하시오. (a) (b) (c) (d)

**09.** 답안지에 정답을 표시하시오. (a) (b) (c) (d)

**10.** 답안지에 정답을 표시하시오. (a) (b) (c) (d)

**11.** 답안지에 정답을 표시하시오. (a) (b) (c) (d)

**12.** 답안지에 정답을 표시하시오. (a) (b) (c) (d)

**13.** 답안지에 정답을 표시하시오. (a) (b) (c) (d)

**14.** 답안지에 정답을 표시하시오. (a) (b) (c) (d)

**15.** 답안지에 정답을 표시하시오. (a) (b) (c) (d)

(16-30) 다음 대화를 잘 듣고 자연스러운 대화를 이룰 수 있는 가장 적절한 응답을 고르세요.

**16.** 답안지에 정답을 표시하시오. (a) (b) (c) (d)

**17.** 답안지에 정답을 표시하시오. (a) (b) (c) (d)

**18.** 답안지에 정답을 표시하시오. (a) (b) (c) (d)

**19.** 답안지에 정답을 표시하시오. (a) (b) (c) (d)

**20.** 답안지에 정답을 표시하시오. (a) (b) (c) (d)

**21.** 답안지에 정답을 표시하시오. (a) (b) (c) (d)

**22.** 답안지에 정답을 표시하시오. (a) (b) (c) (d)

**23.** 답안지에 정답을 표시하시오. (a) (b) (c) (d)

**24.** 답안지에 정답을 표시하시오. (a) (b) (c) (d)

**25.** 답안지에 정답을 표시하시오. (a) (b) (c) (d)

**26.** 답안지에 정답을 표시하시오. (a) (b) (c) (d)

**27.** 답안지에 정답을 표시하시오. (a) (b) (c) (d)

**28.** 답안지에 정답을 표시하시오. (a) (b) (c) (d)

**29.** 답안지에 정답을 표시하시오. (a) (b) (c) (d)

**30.** 답안지에 정답을 표시하시오. (a) (b) (c) (d)

(31-40) 다음 대화를 잘 듣고 제시하는 질문에 대한 가장 적절한 응답을 고르세요.

**31.** 답안지에 정답을 표시하시오. (a) (b) (c) (d)

**32.** 답안지에 정답을 표시하시오. (a) (b) (c) (d)

**33.** 답안지에 정답을 표시하시오. (a) (b) (c) (d)

**34.** 답안지에 정답을 표시하시오. (a) (b) (c) (d)

**35.** 답안지에 정답을 표시하시오. (a) (b) (c) (d)

**36.** 답안지에 정답을 표시하시오. (a) (b) (c) (d)

**37.** 답안지에 정답을 표시하시오. (a) (b) (c) (d)

**38.** 답안지에 정답을 표시하시오. (a) (b) (c) (d)

**39.** 답안지에 정답을 표시하시오. (a) (b) (c) (d)

**40.** 답안지에 정답을 표시하시오. (a) (b) (c) (d)

(41-50) 다음 글을 듣고 제시하는 질문에 대한 가장 적절한 답을 고르세요.

**41.** 답안지에 정답을 표시하시오. (a) (b) (c) (d)

**42.** 답안지에 정답을 표시하시오. (a) (b) (c) (d)

**43.** 답안지에 정답을 표시하시오. (a) (b) (c) (d)

**44.** 답안지에 정답을 표시하시오. (a) (b) (c) (d)

**45.** 답안지에 정답을 표시하시오. (a) (b) (c) (d)

**46.** 답안지에 정답을 표시하시오. (a) (b) (c) (d)

**47.** 답안지에 정답을 표시하시오. (a) (b) (c) (d)

**48.** 답안지에 정답을 표시하시오. (a) (b) (c) (d)

**49.** 답안지에 정답을 표시하시오. (a) (b) (c) (d)

**50.** 답안지에 정답을 표시하시오. (a) (b) (c) (d)

# 독해

독해시험은 총 50문항으로 구성되어 50분 내에 풀도록 되어 있습니다. 문제를 읽고 답을 선택하십시오.

**문제 1~4**
다음 대화문의 빈칸에 들어갈 가장 적절한 표현을 고르시오.

**1.** A : Comment tu trouves ma cravate ?
B : Pas terrible. Pourquoi tu ne portes pas celle que je t'ai __________ ?

(a) offert
(b) offerts
(c) offerte
(d) offertes

**2.** A : Tu connais bien Tokyo ?
B : Oui, j'y ai vécu _________ j'étais petit.

(a) si
(b) que
(c) comme
(d) lorsque

**3.** A : Quand pensez-vous finir ce rapport ?
B : Je pense que _______________ ce soir.

(a) je terminais
(b) je terminerais
(c) j'avais terminé
(d) j'aurai terminé

**4.** A : Moi, j'ai trente-deux ans.
B : Vous êtes __________ plus âgée que vos auditeurs, alors ?

(a) très
(b) moins
(c) autant
(d) à peine

**문제 5~8**
다음 문장의 빈칸에 들어갈 가장 적절한 표현을 고르시오.

**5.** Dis-moi ____________ tu penses.

(a) quoi
(b) à quoi
(c) de quoi
(d) comment

**6.** Certains aiment le café, ____________ préfèrent le thé.

(a) d'autres
(b) plusieurs
(c) les autres
(d) personnes

**7.** Elle nous a demandé des conseils et nous ____________ avons donné d'excellents.

(a) lui en
(b) en lui
(c) les lui
(d) lui les

**8.** ____________ admise, elle nous posera beaucoup de problèmes.

(a) Pour
(b) Etre
(c) Une fois
(d) Quand elle

**문제 9**
다음 대화에서 어법상 틀리거나 어색한 부분을 고르시오.

**9.** (a) A : Vous aviez quel âge sur cette photo ?
(b) B : Là ? Ah, j'étais jeune, j'avais ton âge.
(c) A : Et qu'est-ce que vous avez fait ?
(d) B : J'allais à l'école, comme toi.

**문제 10**
다음 글에서 어법상 틀리거나 어색한 부분을 고르시오.

**10.** (a) De nos jours, l'opinion publique est très sensible aux problèmes de l'environnement. (b) Le recyclage des ordures ménagères est devenu une préoccupation croissante du public. (c) C'est la raison que les entreprises souhaitent donner une image écologique de leurs produits. (d) Dans ce but, elles lancent parfois des campagnes de publicité à la télévision.

**문제 11~15**
다음 대화문의 빈칸에 들어갈 가장 적절한 표현을 고르시오.

**11.** A : J'en ai marre de mon boulot ! Je voudrais faire autre chose !
B : Vraiment ? Tu comptes ________________ ?

(a) employer
(b) licencier
(c) débaucher
(d) démissionner

**12.** A : Quand est-ce que tu déménages ?
B : ___________ deux semaines.

(a) Il y a (b) Après
(c) Dans (d) Derrière

**13.** A : Et qu'est-ce que je dois faire ?
B : Tout d'abord, vous devriez _____________ ce formulaire, Madame.

(a) remplir (b) questionner
(c) se faire (d) vous mettre

**14.** A : Je voudrais faire une réservation pour deux personnes pour Lorenzaccio.
B : Je suis _________ mais il ne reste plus de places.

(a) navré (b) outré
(c) énervé (d) attristé

**15.** A : Mince alors ! Patrick a évité mon piège, et en plus je me suis fait punir...
B : Hé ! Hé ! Tel est pris qui croyait ___________ !

(a) gagner (b) perdre
(c) prendre (d) l'être

문제 16~20
다음 글의 빈칸에 들어갈 가장 적절한 표현을 고르시오.

**16.** On sait bien que la politique ________ des conséquences sur leur vie.

(a) a
(b) court
(c) prend
(d) est

**17.** Les Français sont de plus en plus __________ à vouloir vivre en province.

(a) plusieurs
(b) suffisants
(c) beaucoup
(d) nombreux

**18.** Mon grand-père dispose d'une villa qui _____________ la mer.

(a) mène à
(b) donne sur
(c) compte sur
(d) se dirige vers

**19.** Pour soutenir notre association, il vous _________ d'envoyer vos dons à l'adresse suivante...

(a) faut
(b) suffit
(c) souhaite
(d) commande

**20.** C'est ______________ pour être vrai, je n'arrive pas à croire que j'ai vraiment gagné ce tournoi !

(a) bien loin
(b) trop beau
(c) si magnifique
(d) tellement bien

| 문제 21~35<br>다음 글을 읽고 빈칸에 들어갈 가장 알맞은 표현을 고르시오. |
|---|

**21.** Le 14 février, c'est la fête des amoureux. Ce jour, qui n'a pas toujours ________________ en France, a maintenant un certain succès : les amoureux s'échangent des cartes ou des cadeaux.

(a) eu lieu
(b) bien fêté
(c) été célébré
(d) devenu populaire

**22.** La semaine dernière, votre article sur le nouveau film de Besson m'a vraiment donné envie d'aller le voir. J'y suis donc allée ce week-end. Quelle ______________! J'ai trouvé que le scénario manquait vraiment d'originalité !

(a) chance
(b) déception
(c) originalité
(d) bonne surprise

**23.** Il y a des gens qui sourient quand ils sont tristes. C'est étrange, n'est-ce pas ? Mais cela peut s'expliquer de deux façons. Soit ils ne veulent pas montrer leur détresse, soit ils essaient de lutter contre elle. Que ce soit l'une ou l'autre raison, elles sont _________ les deux appréciables.

(a) tous
(b) tout
(c) toute
(d) toutes

**24.** Savez-vous que les oiseaux peuvent compter des objets placés devant eux et en reconnaître la forme et la couleur ? Bien sûr, ils ne peuvent pas tous le faire, mais une chercheuse américaine a travaillé plusieurs années avec un perroquet gris qui avait appris à lui répondre dans un __________ correct.

(a) domaine
(b) parole
(c) anglais
(d) langue

**25.** Les mesures annoncées aujourd'hui par le gouvernement seront-elles suffisantes pour réduire la mortalité sur les routes ? _____________ reste posée.

(a) La réponse
(b) La question
(c) L'affirmation
(d) La formule

**26.** Perroquets, iguanes, tortues... Ceux qu'on appelle les NAC (Nouveaux Animaux de Compagnie) sont à la mode. Bien sûr, ils n'ont pas encore le même succès que les chats et les chiens, mais ils arrivent petit à petit en France où il y a des amateurs. Les chiffres le prouvent : il y aurait maintenant plus d'un million de reptiles dans les foyers français. Et vous ? Seriez-vous séduit par ______________________________ ?

(a) un joli petit chat
(b) un vieux chien malade
(c) une bête sauvage d'appartement
(d) un animal domestique traditionnel

**27.** J'ai le regret de vous informer que je ne pourrai pas venir jeudi, comme cela avait été convenu. Si cela est possible, j'aimerais __________ notre rendez-vous au jeudi suivant.

(a) annuler
(b) avancer
(c) reporter
(d) prendre

**28.** Campagnes à la télévision, sanctions plus dures, policiers plus nombreux : autant de mesures préventives ____________. Les accidents de la route ne diminuent guère. Et aujourd'hui la prévention routière a épuisé toutes ses idées...

(a) utiles
(b) vaines
(c) souhaitables
(d) dangereuses

**29.** Le soleil va persister sur la côte atlantique, et on aura de belles éclaircies dans les Ardennes, le Jura et le Midi. Les températures devraient rester élevées jusqu'en début de semaine prochaine. ________________, dès ce week-end, il y aura des risques de grêle en altitude, alors évitez de faire des excursions en montagne.

(a) Donc
(b) Alors
(c) Cependant
(d) Par conséquent

**30.** En quarante ans, l'attitude des Français face au sport a beaucoup changé. A la fin des années 60, ils étaient 28 % à faire du sport plus ou moins régulièrement alors qu'actuellement ils seraient 50 % à en pratiquer un ou plusieurs. Et trois sportifs sur cinq pratiqueraient ____________ deux sports.

(a) au plus
(b) de plus
(c) en moins
(d) au moins

**31.** Quand on n'a pas trop de connaissances dans certains domaines, on se fait vite des opinions qui s'avèrent complètement fausses. Par exemple, il y a beaucoup de gens qui pensent que, dans un pays où les femmes auraient en moyenne deux enfants, la population serait jeune. Mais ________________. Ce pays serait en voie de vieillissement.

(a) c'est vrai
(b) c'est exact
(c) ce n'est pas vrai
(d) ce n'est pas impossible

**32.** Même si les Français passent en moyenne un peu plus de deux heures par jour devant leur poste de télé et même si beaucoup d'entre eux avouent qu'ils auraient ____________ à s'en passer, la télé est bien souvent la cible de toutes les critiques.

(a) du mal
(b) très envie
(c) l'intention
(d) bien l'air

**33.** Voilà trois mois que j'ai entrepris de suivre un régime et je dois avouer que cela ne se passe pas sans difficulté. Un vrai parcours du combattant car, chaque jour, je redoute de craquer... En plus, je n'ai pas beaucoup perdu... ____________________________________ !

(a) C'est une belle récompense.
(b) Je suis fière de ce que j'ai accompli.
(c) Je commence vraiment à me décourager.
(d) On dirait que l'armée n'est pas faite pour moi.

**34.** En 1960, il y avait en France 200 000 cafés. Il n'en reste plus aujourd'hui que 49 000. Pourtant, les Français considèrent toujours les bistrots comme un élément important de leur culture. Comment expliquer, ______________, la disparition de 6 000 établissements de ce type chaque année ?

(a) d'ailleurs
(b) alors
(c) comme ça
(d) mieux même

**35.** Pour beaucoup de personnes qui viennent de province, les Parisiens sont des gens fatigués et stressés. Cette impression est d'autant plus forte dans le métro. Or une récente enquête a démontré que les utilisateurs des transports en commun étaient plutôt ___________.

(a) agacés
(b) surpris
(c) embêtés
(d) détendus

문제 36~50
다음 글을 읽고 주어진 질문에 가장 알맞은 답을 고르시오.

**36.** En quelques décennies, la durée du travail hebdomadaire a diminué, la durée de la vie après la retraite a augmenté : le temps libre est donc devenu plus important. Et les activités qu'on fait en temps libre ont pris une place nouvelle dans la société.

Q. De quoi parle le texte ?

(a) Des loisirs
(b) De la liberté
(c) De la retraite
(d) De la durée du travail

**37.** Buster Martin... Ce nom ne vous dit rien ? C'est dommage, car le personnage est intéressant. Il a attendu d'avoir 101 ans pour courir son premier marathon et est devenu par conséquent le marathonien le plus âgé de l'histoire. Un bon exemple de la part de ce vieil Anglais en pleine forme ? Si l'on veut. Mais il faut savoir qu'il a fumé et bu de l'alcool quasiment toute sa vie...

Q. A votre avis, quel est le caractère de l'homme dont on parle ici ?

(a) discret et prudent
(b) timide et peureux
(c) actif et audacieux
(d) intelligent et inventif

**38.** J'ai 31 ans et suis de Bordeaux. Je suis grand, blond et très sportif. J'aime l'art, le cinéma et les sorties à la montagne ou à la mer. Si Juliette cherche encore son Roméo, c'est le moment ou jamais. Roméo, lui, cherche une Juliette qui est grande, jeune et jolie. Roméo pourra même emmener sa Juliette à Venise en voyage de noces si le destin le veut bien. Prendre contact par email sur : voilaromeo@montaigu.fr

Q. Trouvez la phrase qui ne correspond pas au texte.

(a) La personne qui passe l'annonce habite en Italie.
(b) « Roméo » préfère rencontrer une fille plutôt jeune.
(c) « Roméo » veut être contacté par courrier électronique.
(d) Il s'agit d'une petite annonce pour trouver l'âme sœur.

**39.** Des expériences réalisées sur des souris ont révélé qu'une utilisation quotidienne et prolongée du téléphone portable pourrait présenter non seulement des risques cancérigènes, mais encore des risques de stérilité accrus pour les hommes. Il faut vite prendre conscience de ces problèmes et les résoudre avant qu'il ne soit trop tard.

Q. Trouvez la phrase qui ne correspond pas au passage.

(a) Le portable peut être dangereux pour les hommes.
(b) Des souris ont été utilisées pour juger des risques du portable.
(c) On pourrait attraper le cancer en utilisant un téléphone portable.
(d) Utiliser son téléphone portable cinq heures par jour ne présente aucun risque.

**40.** Ces dernières années, le télétravail - ou travail à distance - s'est beaucoup développé. Mais n'a-t-il que des avantages ? Certes, on perd moins de temps dans les transports, on n'est jamais en retard au bureau. Mais en revanche, la vie professionnelle se mêle de trop à la vie privée, et cela stresse généralement beaucoup les femmes qui font du télétravail.

Q. Trouvez la phrase qui correspond le mieux au texte.

(a) Le télétravail peut être stressant.
(b) Le télétravail protège la vie privée.
(c) Le télétravail n'a aucun inconvénient.
(d) Le télétravail pose seulement un problème d'emploi du temps.

**41.** Chers résidents, je vous adresse ce message pour solliciter votre coopération afin de maintenir un cadre de vie agréable dans l'immeuble. J'attire votre attention sur le tri des déchets. Je vous prie, à ce propos, de bien vouloir vous reporter de nouveau à la notice d'information affichée dans le hall d'entrée et d'en respecter les consignes. Merci.

Q. Quel problème est évoqué dans ce message ?

(a) On a volé des vélos dans le garage.
(b) Les fleurs à l'entrée du bâtiment ont été abîmées.
(c) Il y a un problème avec l'utilisation des différentes poubelles.
(d) Certains résidents ne respectent pas les consignes relatives au bruit.

**42.** A partir de 1870, les Américains ont lutté contre le fait que les enfants travaillent. Mais avant cette date, les enfants des milieux populaires allaient à l'usine, et personne ne trouvait cela choquant. Loin de là. C'était profitable aux industriels et aux familles. Et c'était même légitime. On pensait que le travail donnait aux enfants le sens de la discipline, du devoir et de la responsabilité...

Q. Quel est le problème soulevé par le texte ?

(a) le travail des enfants
(b) le profit des industries
(c) le chômage des jeunes
(d) l'éducation des adolescents

**43.** Quelles sont les différences fondamentales entre un Français et un Japonais, entre un Mexicain et un Russe ? De par le monde, même si les cultures varient, chacun de nous peut facilement constater lors d'un voyage à l'étranger qu'il est possible de communiquer, de rire, de pleurer avec des individus de cultures, de couleurs, de langues différentes. Dans le fond, nous ne sommes pas si différents que ça.

Q. Trouvez la phrase qui correspond le mieux au texte.

(a) Toutes les cultures sont identiques.
(b) Les cultures sont différentes, mais pas les êtres humains.
(c) Quand on voyage à l'étranger, il est difficile de communiquer.
(d) Ce sont les différences culturelles qui rendent les voyages intéressants.

**44.** Après un voyage très fatigant, je suis enfin arrivée à Bruxelles. Les cours commencent dans une semaine. Je suis impatiente. En attendant, je vais me balader dans la ville et visiter quelques musées. Je vous embrasse.

Q. Pourquoi est-elle impatiente ?

(a) Car elle va voir des musées.
(b) Car elle voudrait se promener.
(c) Car elle part bientôt en voyage.
(d) Car elle souhaite aller en cours.

**45.** Parmi les nouvelles innovations techniques développées sur Internet, le P2P – modèle d'échange où chacun est à la fois client et serveur – permet une importante diffusion des vidéos militantes. C'est ainsi que de nombreuses vidéos circulent pour dénoncer les violences et les provocations policières subies par les manifestants.

Q. Trouvez la phrase qui correspond au texte.

(a) Le P2P sert à dénoncer les manifestants.
(b) Le P2P ne fonctionne que comme serveur.
(c) Le P2P est un bon outil d'échange d'informations.
(d) Le P2P empêche la libre circulation des vidéos militantes.

**46.** La pollution automobile est un vrai problème. Pour tenter de le résoudre, des villes comme Paris essaient de développer des systèmes de transport alternatifs. Par exemple, avec la mise en place de locations de vélos. Mais Paris n'est pas la première à être active dans ce domaine ; en effet, à Amsterdam, c'est depuis les années 70 que la ville encourage l'utilisation de bicyclettes.

Q. Quelle est la phrase qui convient le mieux au texte ?

(a) Le vélo est trop peu développé à Paris.
(b) La bicyclette est un moyen de transport non polluant.
(c) La pollution automobile est un problème presque insoluble.
(d) Faire Paris-Amsterdam à vélo est un projet de voyage idéal.

**47.** 76 % des jeunes déclarent aimer « Envoyé spécial ». Le succès de cette émission est dû à son rythme et à son contenu : des reportages courts aux thèmes variés. Pour ces jeunes, ce magazine se substitue au journal télévisé, parce qu'il traite les sujets plus en profondeur, et aux « news magazines » que les adultes achètent la veille du week-end.

Q. Pourquoi est-ce que l'émission « Envoyé spécial » a pu avoir un tel succès ?

(a) Parce que les jeunes aiment regarder des films.
(b) Parce qu'on n'a plus besoin d'acheter de journaux.
(c) Parce que les jeunes aiment les magazines littéraires.
(d) Parce que l'émission est bien adaptée au goût des jeunes.

**48.** Ce type d'homme sait mieux que personne ce qui est bon pour les autres et ce qui leur est nuisible. Il passe d'ailleurs son temps à critiquer les habitudes des uns et des autres. Bien sûr, il ne fume pas, il ne boit pas, il n'a aucune gourmandise et il se permet donc de vous faire remarquer tous vos petits péchés.

Q. Comment pourrait-on appeler ce type d'homme ?

(a) L'ours
(b) Le radin
(c) Le moralisateur
(d) Le petit garçon

**49.** Par rapport aux habitants des autres pays de l'Union européenne, les Français sont ceux qui se marient le moins. Ce sont aussi ceux qui se marient le plus tard : 7 % des femmes seulement disent « oui » avant 21 ans, contre 36 % il y a vingt ans. Ce phénomène est dû en grande partie au très fort développement de l'union libre.

Q. Quelle serait la cause de la baisse de l'intérêt pour le mariage ?

(a) La popularisation du concubinage.
(b) La construction de l'Union européenne.
(c) La croissance économique de la France.
(d) Le vieillissement de la population française.

**50.** Le commerce équitable a pour objectif d'assurer aux producteurs des pays en voie de développement un juste revenu qui leur permettrait de vivre décemment des fruits de leur travail. En contrepartie, les travailleurs s'engagent à respecter l'environnement et les droits fondamentaux de la personne (pas de travail des enfants ou de travail forcé).

Q. D'après ce texte, quel est le but du commerce équitable ?

(a) Favoriser l'agriculture.
(b) Rendre l'économie plus humaine.
(c) Remédier à la faim dans le monde.
(d) Augmenter la productivité des pays pauvres.

# SET 2

## 프랑스어

청해

독해

# 청해

지금부터 프랑스어 청해력 시험을 시작하겠습니다. 이 시험은 객관식이며 문항수는 50개이고 네 부분으로 구성되어 있습니다. 먼저 각 부분의 시험방식을 우리말로 두 번 들려 드리고 각 문항의 문제는 두 번, 선택지는 한 번 들려 드립니다. 즉, 두 번 들려 드리는 문제를 잘 듣고 난 후 a, b, c, d의 선택지 중에 정답을 골라 답안지에 표시하십시오. 그러면 지금부터 문제를 들려 드리겠습니다. 답안 작성을 시작하십시오.

(1-15) 다음 문장을 듣고 자연스러운 대화를 이룰 수 있는 가장 적절한 응답을 고르세요.

**01.** 답안지에 정답을 표시하시오. (a) (b) (c) (d)

**02.** 답안지에 정답을 표시하시오. (a) (b) (c) (d)

**03.** 답안지에 정답을 표시하시오. (a) (b) (c) (d)

**04.** 답안지에 정답을 표시하시오. (a) (b) (c) (d)

**05.** 답안지에 정답을 표시하시오. (a) (b) (c) (d)

**06.** 답안지에 정답을 표시하시오. (a) (b) (c) (d)

**07.** 답안지에 정답을 표시하시오. (a) (b) (c) (d)

**08.** 답안지에 정답을 표시하시오. (a) (b) (c) (d)

**09.** 답안지에 정답을 표시하시오. (a) (b) (c) (d)

**10.** 답안지에 정답을 표시하시오. (a) (b) (c) (d)

**11.** 답안지에 정답을 표시하시오. (a) (b) (c) (d)

**12.** 답안지에 정답을 표시하시오. (a) (b) (c) (d)

**13.** 답안지에 정답을 표시하시오. (a) (b) (c) (d)

**14.** 답안지에 정답을 표시하시오. (a) (b) (c) (d)

**15.** 답안지에 정답을 표시하시오. (a) (b) (c) (d)

(16-30) 다음 대화를 잘 듣고 자연스러운 대화를 이룰 수 있는 가장 적절한 응답을 고르세요.

**16.** 답안지에 정답을 표시하시오. (a) (b) (c) (d)

**17.** 답안지에 정답을 표시하시오. (a) (b) (c) (d)

**18.** 답안지에 정답을 표시하시오. (a) (b) (c) (d)

**19.** 답안지에 정답을 표시하시오. (a) (b) (c) (d)

**20.** 답안지에 정답을 표시하시오. (a) (b) (c) (d)

**21.** 답안지에 정답을 표시하시오. (a) (b) (c) (d)

**22.** 답안지에 정답을 표시하시오. (a) (b) (c) (d)

**23.** 답안지에 정답을 표시하시오. (a) (b) (c) (d)

**24.** 답안지에 정답을 표시하시오. (a) (b) (c) (d)

**25.** 답안지에 정답을 표시하시오. (a) (b) (c) (d)

**26.** 답안지에 정답을 표시하시오. (a) (b) (c) (d)

**27.** 답안지에 정답을 표시하시오. (a) (b) (c) (d)

**28.** 답안지에 정답을 표시하시오. (a) (b) (c) (d)

**29.** 답안지에 정답을 표시하시오. (a) (b) (c) (d)

**30.** 답안지에 정답을 표시하시오. (a) (b) (c) (d)

(31–40) 다음 대화를 잘 듣고 제시하는 질문에 대한 가장 적절한 응답을 고르세요.

**31.** 답안지에 정답을 표시하시오. (a) (b) (c) (d)

**32.** 답안지에 정답을 표시하시오. (a) (b) (c) (d)

**33.** 답안지에 정답을 표시하시오. (a) (b) (c) (d)

**34.** 답안지에 정답을 표시하시오. (a) (b) (c) (d)

**35.** 답안지에 정답을 표시하시오. (a) (b) (c) (d)

**36.** 답안지에 정답을 표시하시오. (a) (b) (c) (d)

**37.** 답안지에 정답을 표시하시오. (a) (b) (c) (d)

**38.** 답안지에 정답을 표시하시오. (a) (b) (c) (d)

**39.** 답안지에 정답을 표시하시오. (a) (b) (c) (d)

**40.** 답안지에 정답을 표시하시오. (a) (b) (c) (d)

(41–50) 다음 글을 듣고 제시하는 질문에 대한 가장 적절한 답을 고르세요.

**41.** 답안지에 정답을 표시하시오. (a) (b) (c) (d)

**42.** 답안지에 정답을 표시하시오. (a) (b) (c) (d)

**43.** 답안지에 정답을 표시하시오. (a) (b) (c) (d)

**44.** 답안지에 정답을 표시하시오. (a) (b) (c) (d)

**45.** 답안지에 정답을 표시하시오. (a) (b) (c) (d)

**46.** 답안지에 정답을 표시하시오. (a) (b) (c) (d)

**47.** 답안지에 정답을 표시하시오. (a) (b) (c) (d)

**48.** 답안지에 정답을 표시하시오. (a) (b) (c) (d)

**49.** 답안지에 정답을 표시하시오. (a) (b) (c) (d)

**50.** 답안지에 정답을 표시하시오. (a) (b) (c) (d)

# 독해

독해시험은 총 50문항으로 구성되어 50분 내에 풀도록 되어 있습니다. 문제를 읽고 답을 선택하십시오.

**문제 1~4**
다음 대화문의 빈칸에 들어갈 가장 적절한 표현을 고르시오.

**1.** A : Tu sais ______________ le général de Gaulle a dit « Français, je vous ai compris » ?
B : Oui, c'était en 1958, le 4 juin 1958 exactement.

(a) quand
(b) pourquoi
(c) comment
(d) à quelle occasion

**2.** A : Nous partons en Bretagne samedi prochain.
B : J'espère que vous __________ beau temps !

(a) avez
(b) ayez
(c) aurez
(d) avez eu

**3.** A : On s'installe où ?
B : Près de la fenêtre. Comme ça, on les ___________ arriver.

(a) mettra
(b) pourra
(c) verra
(d) attendra

**4.** A : Tu crois que Matthieu sera à la soirée ?
B : Franchement, je doute qu'il __________.

(a) vient
(b) vienne
(c) viendra
(d) viendrait

**문제 5~8**
다음 문장의 빈칸에 들어갈 가장 적절한 표현을 고르시오.

**5.** Il avait brillamment réussi son examen ! L'élève était ______________ heureux.

(a) si (b) autant
(c) combien (d) beaucoup

**6.** La proposition de loi ______________ il a été question a soulevé une polémique.

(a) qu' (b) qui
(c) dont (d) sur laquelle

**7.** Je suis très timide, mais peu de gens _____ savent.

(a) y (b) le
(c) la (d) ça

**8.** La nature __________-t-elle à la morale ?

(a) s'oppose (b) se regarde
(c) oppose (d) regarde

**문제 9**
다음 대화에서 어법상 틀리거나 어색한 부분을 고르시오.

**9.** (a) A : Je voudrais lui demander si elle veut m'épouser...
(b) B : Et pourquoi tu ne le fais pas ?
(c) A : J'ai peur qu'elle dit non.
(d) B : Alors, tu préfères ne pas connaître sa réponse...

**문제 10**
다음 글에서 어법상 틀리거나 어색한 부분을 고르시오.

**10.** (a) Ce musée est le royaume de la copie. (b) On en trouve des stylos Big et des Lovi's 70. (c) Notre fromage national Vache qui Rit s'appelle Vache royale au Maroc et Joyeuse vache en Algérie. (d) 400 produits copiés sont présentés à côté des produits authentiques !

**문제 11~15**
다음 대화문의 빈칸에 들어갈 가장 적절한 표현을 고르시오.

**11.** A : Tu mets combien de temps pour aller à la fac ?
B : Ça me ____________ une demi-heure.

(a) sert
(b) prend
(c) donne
(d) questionne

**12.** A : Tu aurais pu me prévenir que tu serais une heure en retard !
B : Je sais, excuse-moi, je suis vraiment ____________.

(a) fâchée (b) désolée
(c) adorable (d) satisfaite

**13.** A : Quand on te parle de voyages, tu penses ____________?
B : Pour moi, les voyages, c'est synonyme de mer calme, lunettes de soleil...

(a) comment (b) pourquoi
(c) lequel (d) à quoi

**14.** A : Tu as des nouvelles de Paul ?
B : Non, mais j'ai ______________ qu'il a un problème en ce moment.

(a) l'apparence (b) la sensibilité
(c) l'impression (d) l'imagination

**15.** A : Oh, cette robe est vraiment jolie !
B : En effet, elle n'est pas ____________ du tout.

(a) mal (b) bonne
(c) terrible (d) formidable

**문제 16~20**
다음 글의 빈칸에 들어갈 가장 적절한 표현을 고르시오.

**16.** Pars maintenant, __________ tu vas manquer ton train.

(a) alors
(b) donc
(c) sinon
(d) et puis

**17.** Je me tiens à votre __________ pour toute information supplémentaire ou pour un éventuel entretien.

(a) merci
(b) écoute
(c) attention
(d) disposition

**18.** Ce pays a subi de nombreuses invasions, il a une histoire très __________.

(a) calme
(b) agitée
(c) moderne
(d) passionnée

**19.** Ce serait bien que les parents apprennent l'obéissance __________ enfants.

(a) à lire
(b) à leurs
(c) pour les
(d) depuis les

**20.** Les clients peuvent effectuer _______________ de leur commande par chèque ou par carte de crédit.

(a) le prix
(b) le virement
(c) l'annulation
(d) le règlement

문제 21~35
다음 글을 읽고 빈칸에 들어갈 가장 알맞은 표현을 고르시오.

**21.** Oui, ça y est ! Je suis enfin installée dans mon nouveau studio ! J'en suis totalement satisfaite : il est très fonctionnel mais aussi très joli. En plus, il y a une épicerie en bas de chez moi, c'est pratique ! Je suis au calme car ma fenêtre donne sur ______________________.

(a) le boulevard
(b) une cour intérieure
(c) une discothèque très chic
(d) l'entrée d'une école primaire

**22.** Jeune journaliste dans *Peut-être*, mère violente dans *Tout ça pour ça* ou bien encore pianiste dans *Rendez-vous*, le dernier film de Bernard Hirsch, Inès Klein a montré qu'elle était capable de jouer des personnages ________________.

(a) un peu autres
(b) un peu limités
(c) très différents
(d) très importants

**23.** On parle souvent avec pessimisme des banlieues difficiles, ces quartiers délaissés en bordure des grandes villes françaises où le chômage est très élevé, la violence considérable, et où les jeunes ont peu d'espoir de s'en sortir. Mais, avec les associations locales qui s'efforcent de créer des emplois locaux, la situation pourrait progressivement ____________.

(a) s'achever (b) s'aggraver
(c) se dégrader (d) s'améliorer

**24.** Un couple franco-coréen a décidé d'entreprendre le trajet Paris-Séoul à vélo. Ils partiront de Paris le 1^er^ avril, mais ne savent pas encore combien de temps durera leur voyage. Lui est français et photographe de mode, et elle, coréenne et journaliste. A leur arrivée, ils auront sûrement de nombreuses histoires intéressantes à ___________.

(a) rendre (b) raconter
(c) regretter (d) admettre

**25.** A Paris, on trouve des supermarchés chinois et des épiceries coréennes. C'est plutôt sympathique d'y entrer et de regarder les produits proposés sur les rayons. C'est pittoresque, ça fait envie et on se laisse souvent tenter. Mais il y a un ______________ : il faut comprendre le mode de préparation, et quand tout est en chinois ou en coréen, ce n'est pas évident.

(a) choix (b) décision
(c) problème (d) problématique

**26.** Il y a ceux qui continuent de penser que voter est un acte __________ jamais nécessaire et les autres qui, au contraire, ont l'impression que leur vote ne changera rien.

(a) plus que
(b) aussi que
(c) moins que
(d) autant que

**27.** Au XX$^{e}$ siècle, on a longtemps parlé de la Chine comme d'une future grande puissance. Elle a souvent fasciné l'Occident et, en ce début de XXI$^{e}$ siècle, elle se présente comme une force formidable qui pourrait prochainement rivaliser avec les Etats-Unis, voire les devancer. Il est certain que, tôt ou tard, les intérêts de la Chine et ceux des Etats-Unis entreront __________________.

(a) en conflit
(b) en harmonie
(c) dans l'économie
(d) dans une phase d'accalmie

**28.** Il faut savoir qu'il y a en France plus de 3 millions d'illettrés, ce qui représente 9 % de la population. Mais attention aux idées reçues. Ce ne sont ni les femmes, ni les personnes issues de l'immigration qui sont le plus touchées par ce problème. Et il faut noter que __________ touche aussi 8 % des personnes actives. Surprenant, non ?

(a) celui-ci
(b) celle-ci
(c) ceux-ci
(d) celles-ci

**29.** Les kiosquiers parisiens vivent des temps difficiles. ______________ horaires de 13 à 14 heures par jour pour un salaire souvent proche du salaire minimun, la profession est en crise.

(a) Avec des
(b) Malgré les
(c) Devant des
(d) Pendant les

**30.** Vivre sans consulter Internet vous paraît impossible ? Oui, bien sûr. Mais il y a vingt ans, alors que tout le monde avait déjà télévision, téléphone et ordinateur, Internet n'existait pas. Maintenant, tout peut se faire par Internet. On y consulte des blogs, des sites, des encyclopédies... On y fait des rencontres, des échanges, des découvertes. Ne pourrait-on pas dire qu'Internet ______________ notre façon de vivre et de penser ?

(a) a détruit
(b) a changé
(c) a conservé
(d) a abandonné

**31.** C'est dimanche, il fait beau, la douceur du temps invite à la promenade et pourtant vous n'avez pas envie de sortir. Cela peut se comprendre. Certains fabricants de programmes vidéo l'ont même prévu. Aussi, ils vous proposent ______________________ de promenades en voiture. Le plaisir sans l'effort. La promenade sans le mouvement. A chacun ses goûts...

(a) une sortie
(b) un horaire
(c) une impossibilité
(d) un programme virtuel

**32.** Il y a encore un siècle, « vivre ensemble » signifiait essentiellement « vivre en couple » ou « vivre en famille ». Progressivement, à ces modèles de base s'en sont greffés ____________ : la colocation, les familles recomposées et les couples non cohabitants.

(a) d'autres
(b) les siens
(c) les choses
(d) les autres

**33.** Les 35 heures ont modifié les habitudes des Français en matière de vacances. Le temps des trois ou quatre semaines passées sur une plage du Sud de la France semble maintenant révolu. Désormais, on préfère partir moins longtemps mais plus souvent. D'où ________________________________________.

(a) la colère des patrons
(b) la mode des vacances à la montagne
(c) l'attirance pour les voyages exotiques
(d) le succès des formules « escapade pour un week-end »

**34.** En France, des millions d'internautes utilisent Internet tous les jours. En à peine plus de dix ans, cette technologie, apparue dans les années 90, est devenue un élément majeur de notre vie quotidienne, au même titre que la télévision. Cela est d'autant plus vrai pour les jeunes, lesquels ________________________.

(a) n'ont pas de portable
(b) ne s'y intéressent pas
(c) ne peuvent s'en passer
(d) ne savent pas s'en servir

**39.** Je m'appelle Myriam et je vous écris pour vous demander conseil. Ma belle-mère est vraiment insupportable : elle téléphone presque tous les soirs et elle me fait sans cesse des remarques sur ma façon de cuisiner ou d'élever mon fils. Dominique, lui, ne dit jamais rien pour me défendre. Que faire ?

Q. Qui est Dominique ?

(a) Le fils de Myriam
(b) Le père de Myriam
(c) Le mari de Myriam
(d) Le petit-fils de Myriam

**40.** Ce matin-là, François s'est levé à 6 heures. Il a pris un rapide petit déjeuner et est sorti. Dans la rue, il s'est aperçu qu'il allait peut-être pleuvoir. Il est revenu chez lui et a mis un imperméable. Puis il a couru jusqu'à la bouche de métro.

Q. Pourquoi est-ce que François est retourné à la maison ?

(a) Parce qu'il pleuvait.
(b) Parce qu'il était trop tôt.
(c) Parce qu'il avait oublié son sac.
(d) Parce qu'il pensait qu'il pleuvrait.

**41.** Demain, la matinée sera humide avec des pluies de la Normandie à la Région Centre. Dans le Sud-Ouest, le temps sera très instable et le soleil assez peu au rendez-vous. Dans l'après-midi, la situation va se dégrader. Météo France lance une alerte orange sur la façade atlantique et annonce de violents orages dans le Sud.

Q. Choisissez un titre convenable.

(a) L'hiver est fini.
(b) Le temps se gâte.
(c) La douceur printanière arrive.
(d) Les belles couleurs de l'automne sont de retour.

**42.** On compte six grandes chaînes. Trois appartiennent au service public : France 2, France 3 et Arte (chaîne culturelle franco-allemande). Trois sont privées : TF1, qui est la chaîne la plus regardée, M6, et Canal + qui est une chaîne payante.

Q. De quoi parle le texte ?

(a) De la presse française
(b) De la télévision française
(c) De la vie politique française
(d) De la structure des médias français

**43.** On a beaucoup parlé du film *Joyeusement vôtre* avant sa sortie. On en parle beaucoup moins depuis. Quelle en est la raison ? C'est tout simplement un film qui n'apporte rien. L'histoire est plutôt banale, les acteurs peu convaincants, les décors tristes. Seule la musique fait preuve d'un peu d'originalité mais elle ne sauve pas le film à elle seule.

Q. Quel est le ton général du texte ?

(a) critique
(b) enthousiaste
(c) vraiment élogieux
(d) extrêmement méchant

**44.** Cette semaine, Bernard a échoué au baccalauréat, ses parents lui ont annoncé qu'ils allaient divorcer, il a raté son permis de conduire pour la deuxième fois et, pour couronner le tout, sa petite amie ne veut plus lui parler depuis qu'il a oublié de lui faire un cadeau pour son anniversaire. Il y a des semaines où vraiment tout va mal.

Q. Choisissez le titre qui correspond le mieux au texte.

(a) Pas de soucis pour Bernard.
(b) Semaine noire pour Bernard.
(c) Semaine standard pour Bernard.
(d) Bernard et l'anniversaire en retard.

**45.** Une fillette de dix-huit mois a été retrouvée indemne après être tombée mardi soir par la fenêtre de l'appartement de ses parents situé au cinquième étage d'un immeuble de Rambouillet.

Q. Qu'est-ce que la petite fille est devenue ?

(a) Elle est morte.
(b) Elle s'est fait très mal.
(c) Elle s'est grièvement blessée.
(d) Elle est sortie saine et sauve de l'accident.

**46.** Le Président de la République française, monsieur Nicolas Sarkozy en personne, a déclaré que la gastronomie de son pays était « la meilleure du monde » et qu'il souhaitait qu'elle soit de ce fait inscrite auprès de l'UNESCO comme faisant partie du patrimoine mondial.

Q. Choisissez un titre convenable.

(a) Les Français contents de leur chef d'Etat
(b) Nicolas Sarkozy fier de la gastronomie française
(c) La mauvaise réputation de la gastronomie française
(d) Nicolas Sarkozy : bientôt nouveau directeur de l'UNESCO

**35.** L'organisation de la Techno Parade suscite chaque année la controverse. Si les commerçants se plaignent surtout de voir leurs boutiques désemplir, les riverains, eux, s'en prennent plutôt au bruit et au désordre occasionnés par la manifestation. Le maire a toutefois confirmé que la Techno Parade aurait bien lieu cette année encore, ________________ ces protestations répétées.

(a) malgré
(b) grâce à
(c) à cause de
(d) contrairement à

문제 36~50
다음 글을 읽고 주어진 질문에 가장 알맞은 답을 고르시오.

**36.** Le barbecue, tout le monde aime ça, des classes sociales les plus populaires aux personnes les plus riches. Pourtant, à l'origine, le barbecue était vraiment le symbole de la classe moyenne, de ce groupe social qui a toujours joué un rôle important dans la dynamique sociale.

Q. Trouvez le meilleur titre.

(a) Le goût des classes sociales
(b) Les bonnes recettes de barbecue
(c) Le barbecue et les classes sociales
(d) La définition de la classe moyenne

**37.** Le café est une boisson chaude qui suscite toujours beaucoup d'intérêt. On ne compte plus les recherches scientifiques vantant les effets positifs de la caféine sur le cerveau ou, à l'inverse, ses effets potentiellement négatifs sur le métabolisme. En fin de compte, le plus important, comme pour toute substance, c'est de ne pas en abuser.

Q. Choisissez la phrase qui convient le mieux au texte.

(a) Il vaut mieux boire du café avec modération.
(b) Boire du café n'est pas bon pour l'organisme.
(c) Boire beaucoup de café ne pose pas de problèmes.
(d) La caféine est une substance très stimulante pour le cerveau.

**38.** Est-ce que le jazz est une musique élitiste? Il semblerait que non, vu la nouvelle définition que se donne le jazz d'aujourd'hui. Maintenant, celui-ci se définit comme une musique hybride qui utilise tous les moyens possibles pour repousser les limites de l'expérience de l'improvisation musicale.

Q. De quoi parle-t-on ici ?

(a) Du jazz d'aujourd'hui
(b) De la musique classique
(c) De l'histoire de la musique
(d) Des expériences musicales